발 행 일	2025년 09월 12일(1판 1쇄)
I S B N	978-89-5960-509-5(13000)
정 가	14,000원

기 획	렉스기획팀
집 필	장순나, 조연화
진 행	이영수
본문디자인	디자인앨리스

발 행 처	㈜렉스미디어
발 행 인	안광준
주 소	경기도 파주시 정문로 588번길 24
홈 페 이 지	www.rexmedia.net

※ 이 책은 저작권법에 따라 보호를 받는 저작물이므로 무단 전재와 무단 복제를 금지하며, 이 책 내용의 전부 또는 일부를 이용하려면 반드시 ㈜렉스미디어의 서면동의를 받아야 합니다.

타자 기록표

구분	날짜	평균 타수	정확도	확인란
1	월 일			
2	월 일			
3	월 일			
4	월 일			
5	월 일			
6	월 일			
7	월 일			
8	월 일			
9	월 일			
10	월 일			
11	월 일			
12	월 일			

구분	날짜	평균 타수	정확도	확인란
13	월 일			
14	월 일			
15	월 일			
16	월 일			
17	월 일			
18	월 일			
19	일 일			
20	월 일			
21	월 일			
22	월 일			
23	월 일			
24	월 일			

목 차

CHAPTER 01 — 006
내 마음의 에너지 충전소! 자존감 UP!

CHAPTER 02 — 012
오늘의 할 일, 오늘 끝내기 프로젝트

CHAPTER 03 — 018
별별 이야기! 밤하늘 속 숨은그림찾기

CHAPTER 07 — 042
DIY 커스터마이징 슈즈 만들기

CHAPTER 08 — 048
이야기 속 숨은 보물, 각주와 덧말 탐험대!

CHAPTER 09 — 054
뒤죽박죽 숨은 글자 대소동

CHAPTER 13 — 078
척척박사~ 수학 마법사 도전!

CHAPTER 14 — 084
용돈 FLAX! 내돈내산 영수증 인증하기

CHAPTER 15 — 090
똑똑한 어린이의 자전거 안전 수칙
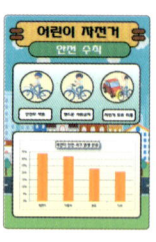

CHAPTER 19 — 118
딸~깍!! 하이퍼링크 순간이동

CHAPTER 20 — 124
특종 대방출! 우리 가족 뉴스룸

CHAPTER 21 — 132
파워~check! 이만큼 배웠어요!
찰칵! 찰칵! 나의 방학 스토리

CHAPTER 04	024

한자야 놀자! 알기 쉬운 한자 카드

CHAPTER 05	030

내 성격 사용 설명서! MBTI 탐구생활

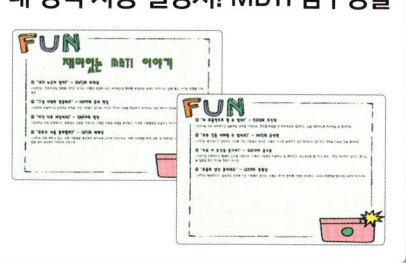

CHAPTER 06	036

말랑말랑 이모티콘 말풍선

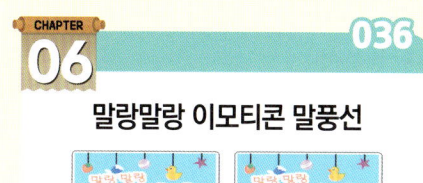

CHAPTER 10	060

냉장고 랜덤박스 오늘의 요리 미션

CHAPTER 11	066

단어가 쏙! 그림이 쏙! 창의력 일기

CHAPTER 12	072

똑딱똑딱! 나의 완벽한 하루

CHAPTER 16	098

생일 초대장, 메일머지로 뚝딱!

CHAPTER 17	104

몰입 100%! 꿈을 이루는 스터디 플랜

CHAPTER 18	112

내가 만드는 미디어 세상!!!

CHAPTER 22 파워~check! 이만큼 배웠어요!	134

초성 속에 숨은 속담을 맞혀라!

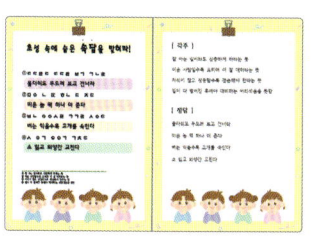

CHAPTER 23 파워~check! 이만큼 배웠어요!	136

속닥속닥! 대화가 있는 포토 카드

CHAPTER 24 파워~check! 이만큼 배웠어요!	138

한 끼의 예술! 시그니처 라면 레시피

목차 • 5

CHAPTER 01 내 마음의 에너지 충전소! 자존감 UP!

학습 목표
- 한글 2022 프로그램의 화면구성을 알 수 있어요.
- 글을 입력하고 서식을 변경할 수 있어요.

미리 보기 이렇게 만들어 보아요

■ 불러올 파일 : 글자입력.hwpx   ■ 완성된 파일 : 글자입력_완성.hwpx

① **글자 서식** : 글자 선택 → [서식] 탭 → [글자 모양] 클릭 → 글꼴, 크기, 색, 굵기, 기울임, 밑줄 등 설정

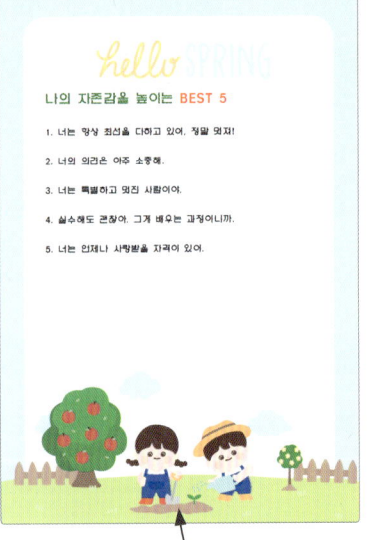

② **파일 저장** : [파일] 탭 → [다른 이름으로 저장] 선택 → 저장 위치 지정 → 파일 이름 입력 → [저장] 클릭

▶ 호기심 쳇 GPT

자존감은 자신을 존중하고, 자신을 스스로 소중하게 여기는 마음이에요.
예를 들어, 네가 잘못한 일이 있어도 "나는 실수할 수 있는 사람이고, 그걸 고칠 수 있어"라고 생각하는 거예요. 또, 네가 잘한 일에 대해서도 "나는 잘했어!"라고 스스로 칭찬하는 거예요. 자존감이 높은 사람은 자신을 믿고, 다른 사람들과 비교하지 않고, 자신이 할 수 있는 최선을 다하려고 해요. 자신을 사랑하는 마음이 자존감을 키우는 거예요!

1 한글 2022 프로그램 실행하기

❶ [시작(■)] 단추를 클릭한 후 [한글 2022()] 메뉴를 클릭해요.

❷ 한글 2022 프로그램의 화면구성에 대해 알아보아요.

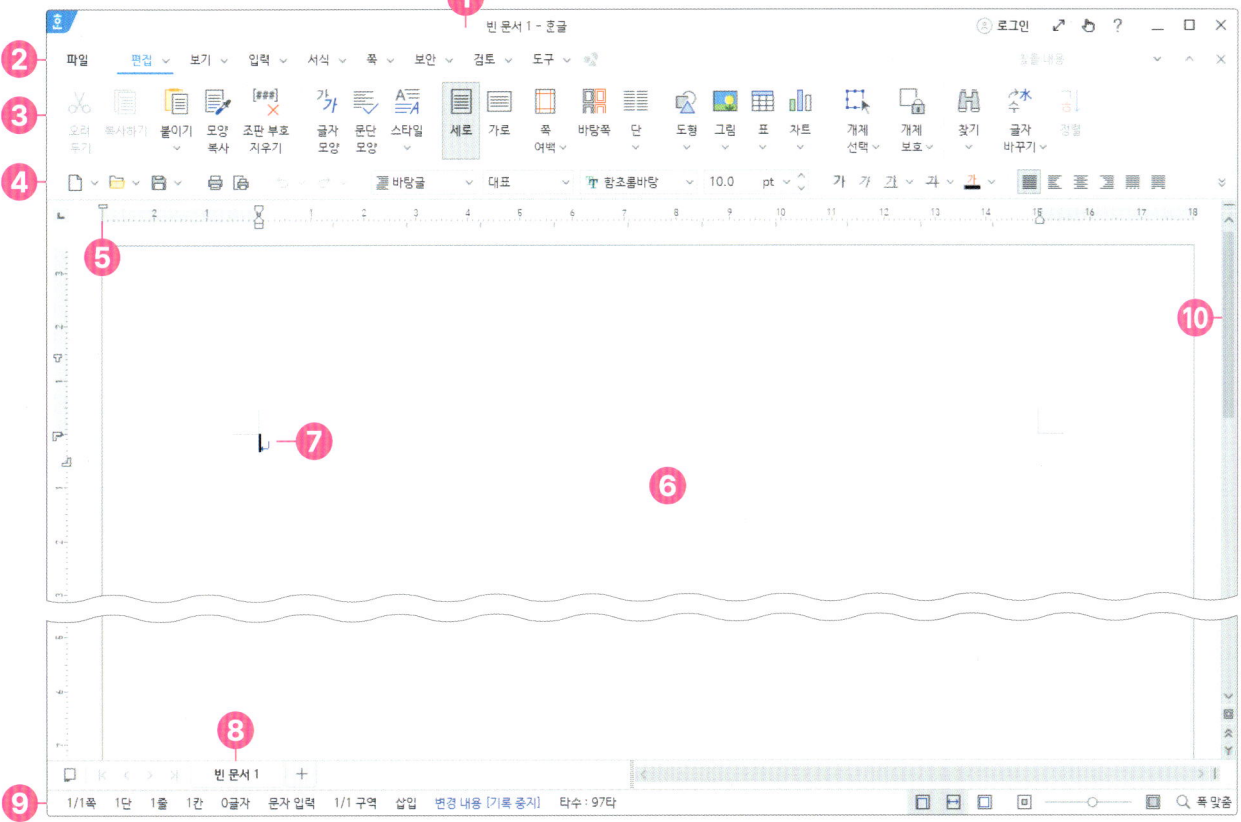

- ❶ **제목 표시줄** : 현재 편집 중인 문서의 파일 이름, 경로, 창 조절 단추를 표시해요.
- ❷ **메뉴 표시줄** : 한글 프로그램에서 사용할 수 있는 기능들을 분류하여 메뉴로 제공해요.
- ❸ **기본 도구상자** : 메뉴에서 자주 사용하는 기능을 그룹별로 묶어서 탭 형식으로 제공해요.
- ❹ **서식 도구상자** : 편집 시 자주 사용하는 기능을 모아서 아이콘 형태로 제공해요.
- ❺ **눈금자** : 눈금자 모양으로 문서의 크기와 여백 등을 알 수 있어요.
- ❻ **문서 편집 창** : 문서 입력 및 편집 작업을 위한 공간이에요.
- ❼ **커서** : 작업 중인 문서의 현재 위치를 표시해요.
- ❽ **문서 탭** : 여러 문서를 열었을 때 탭으로 구분하여 표시해요.
- ❾ **상태 표시줄** : 커서의 위치, 편집 상태, 화면 확대/축소 등의 정보를 표시해요.
- ❿ **이동 막대** : 화면에서 표시되지 않는 문서의 다른 부분으로 이동할 때 사용해요.

파일 불러오기를 해요.

❶ [내 컴퓨터에서 불러오기] 메뉴를 클릭한 후 [01차시]-[불러올 파일]-[글자입력.hwpx] 파일을 선택한 다음 [열기]를 클릭해요.

> TiP
> 파일 이름을 더블클릭하면 빠르게 실행할 수 있어요.

❷ [보기]-[문단 부호]를 클릭하여 체크 표시한 후 네 번째 줄에 제목을 입력해요.

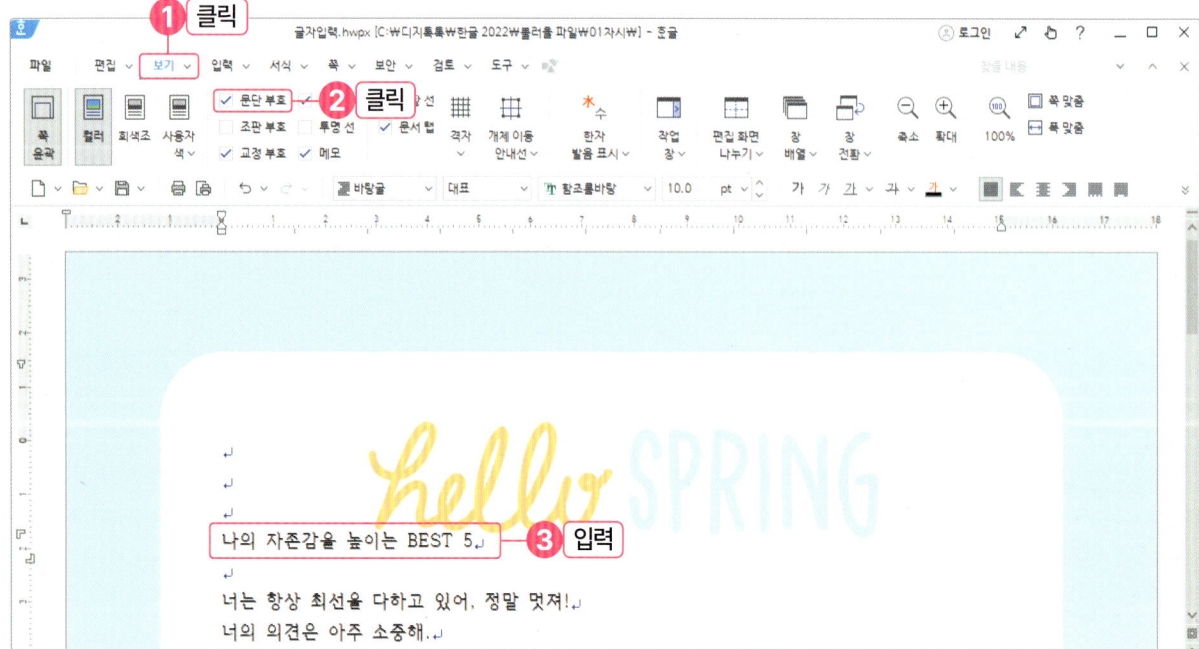

8 • 문서천재 한글 2022

③ 제목을 제외한 내용 앞에 번호를 입력한 후 문단 마지막에서 Enter 를 눌러 줄 간격을 띄워요.

④ 키보드의 Ctrl + A 를 눌러 모든 글자를 선택한 후 서식 도구상자의 글꼴(양재튼튼B), 글자 크기(14pt)를 수정해요.

⑤ 제목을 블록으로 지정한 후 글자 크기(20pt)를 수정해요.

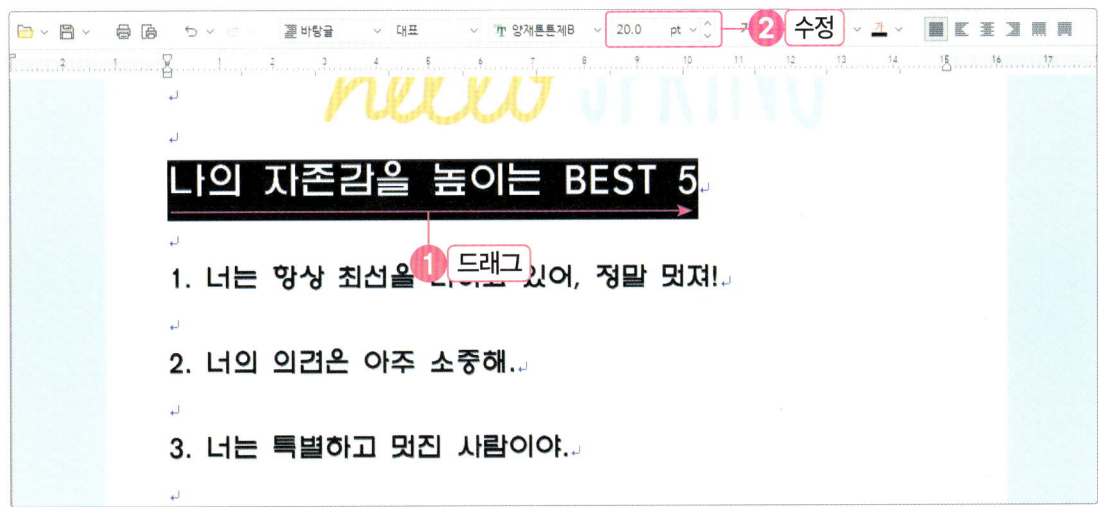

❻ 제목 '나의 자존감을 높이는' 단어의 글자 색(초록)과 'BEST 5' 단어의 글자 색(빨강)을 수정해요.

※ 글자색 변경은 블록으로 지정한 후 서식 도구상자의 [글자 색(가 ▼)]을 클릭해요.

❼ [파일]-[다른 이름으로 저장하기] 메뉴를 클릭한 후 저장 위치와 파일명을 입력한 다음 [저장]을 클릭해요.

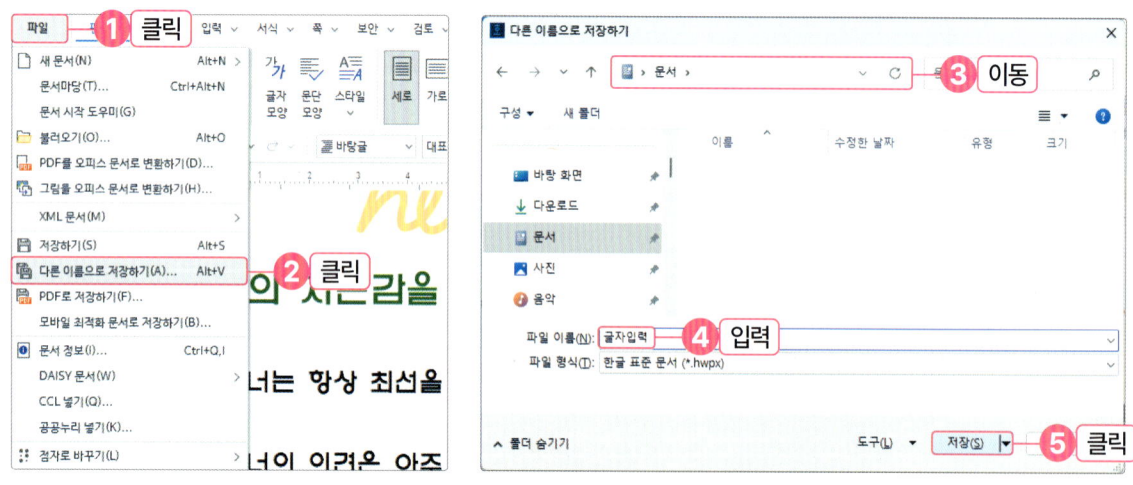

TiP
저장하기는 키보드의 Alt + S 를 눌러 빠르게 저장할 수 있어요.

CHAPTER 01 문서 천재로 가는 길!

톡톡 학습

01 [편지.hwpx] 파일을 실행한 후 소중한 사람에게 편지를 쓰고 저장해요.
※글자 서식 변경 : 글꼴(한컴 바겐세일 B), 글자 크기(17pt)

■ 불러올 파일 : 편지.hwpx   ■ 완성된 파일 : 편지_완성.hwpx

유진아에게

안녕! 우리가 같은 반이 되어서 너무 반가워!

사실 조금 긴장되기도 했는데, 너랑 같은 반이라서 정말

기뻐. 이제 매일 학교에서 너랑 함께 지내게 되니까 더 기대돼.

우리 둘이 함께라면 더 멋진 한 해가 될 것 같아.

앞으로도 많은 추억을 만들고, 좋은 친구로 지내자!

수연이가

CHAPTER 01 내 마음의 에너지 충전소! 자존감 UP! • 11

CHAPTER 02
오늘의 할 일, 오늘 끝내기 프로젝트

학습 목표
- 그리기마당으로 클립아트를 삽입할 수 있어요.
- 문자표를 이용하여 특수기호를 입력할 수 있어요.

🏆 미리 보기 이렇게 만들어 보아요

■ 불러올 파일 : 오늘의 할 일.hwpx   ■ 완성된 파일 : 오늘의 할 일_완성.hwpx

① **그리기마당** : [입력] 탭 → [그림] → [그리기마당] 클릭 → 원하는 그림 선택 후 문서에 넣기

② **특수문자 입력** : [입력] 탭 → [문자표] 클릭 → 목록에서 원하는 문자 선택 → [넣기]

▶ 호기심 쳇 GPT

오늘의 할 일을 실천한다는 것은 하루 동안 해야 할 목표나 계획을 정리하고, 그것을 실행하는 것을 의미해요. 단순히 목록을 작성하는 것을 넘어 행동으로 옮김으로써 하루를 더 의미 있게 만드는 과정이에요. 작은 목표라도 실천하면 성취감을 느끼고 자신감을 키울 수 있어요.

 ## 그리기마당으로 클립아트를 삽입해요.

① 한글 2022 프로그램을 실행한 후 [내 컴퓨터에서 불러오기] 메뉴를 클릭한 다음 [02차시]-[불러올 파일]-[오늘의 할 일.hwpx] 파일을 선택하고 [열기]를 클릭해요.

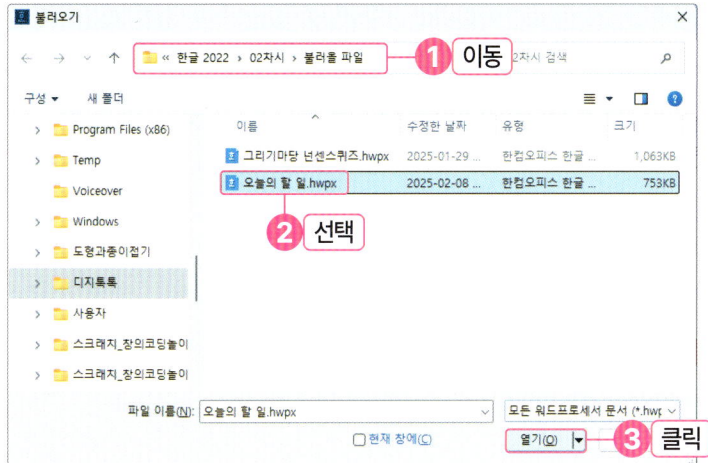
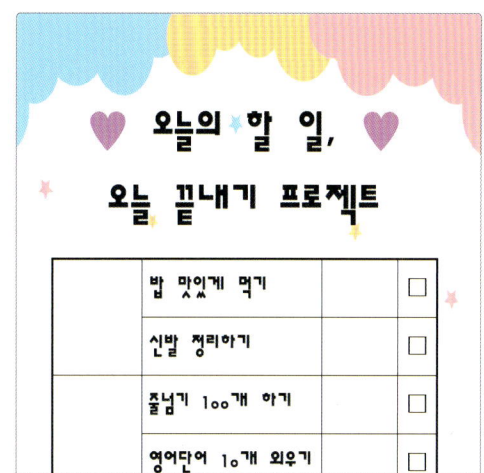

② 클립아트를 추가하기 위해 [입력] 탭-[그림(∨)]-[그리기마당]을 클릭한 후 [그리기마당] 대화상자가 나타나면 [클립아트 다운로드]를 클릭해요.

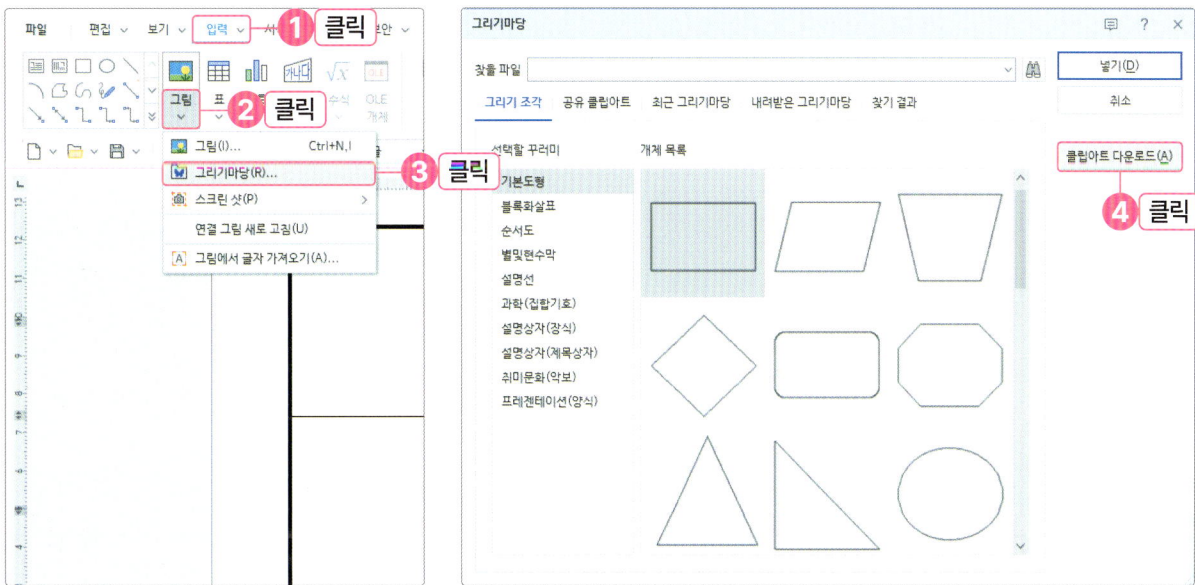

❸ [한컴 에셋] 대화상자의 검색 창에서 "밥"을 입력하고 Enter 를 누른 후 [밥 먹기] 클립 아트를 선택한 다음 [내려받기(⬇)]를 클릭하고 닫기(✕)를 클릭해요.

❹ 내려받은 [밥 먹기] 클립 아트를 선택한 후 [넣기]를 클릭한 다음 문서에 드래그해요.
※ 다운로드된 그림 파일은 [내려받은 그리기마당]-[공유 클립아트]에 있어요.

❺ 삽입한 클립아트를 더블클릭한 후 [개체 속성] 대화상자의 [기본] 탭에서 [본문과의 배치]를 글 앞으로(▼)로 선택하고 [설정]을 클릭해요.

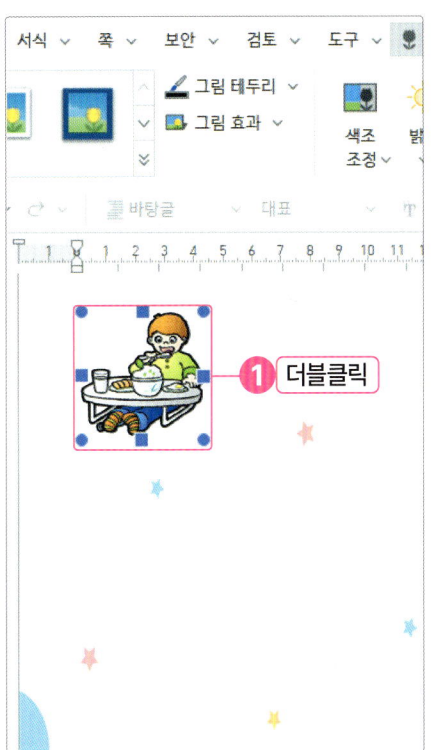
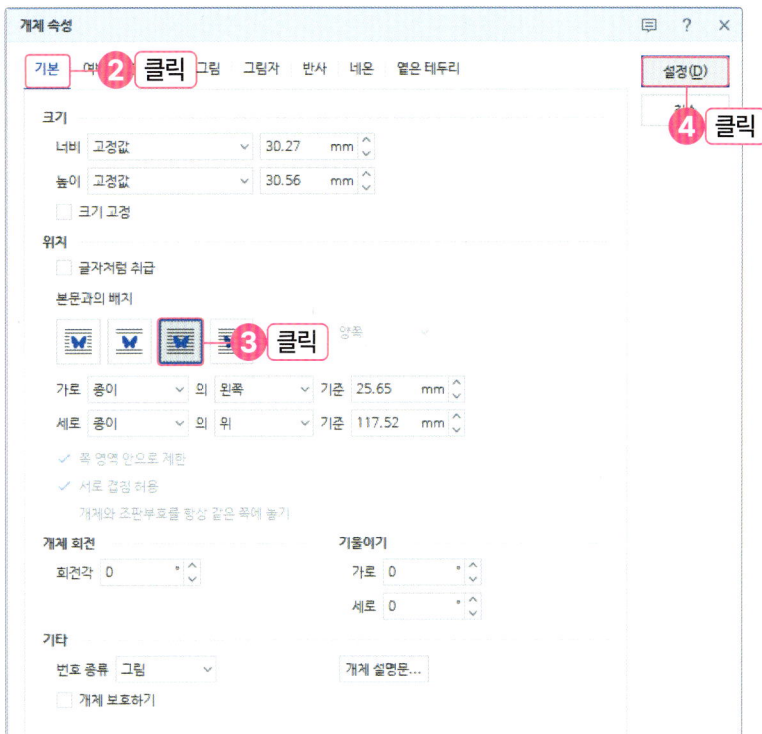

❻ 삽입한 그림의 크기와 위치를 조절한 후 같은 방법으로 나머지 클립아트를 삽입해요.
  ※ [입력]-[그림]-[그리기 마당]을 클릭 후 [클립아트 다운로드]를 클릭하여 검색(줄넘기, 공부)해요.

❼ 커서를 첫 번째 줄 세 번째 칸에 위치한 후 [입력] 탭-[문자표(⌄)]-[문자표]를 클릭한 다음 [사용자 문자표] 탭-[기호1]에서 특수 기호(★)를 선택하고 [넣기]를 클릭해요.

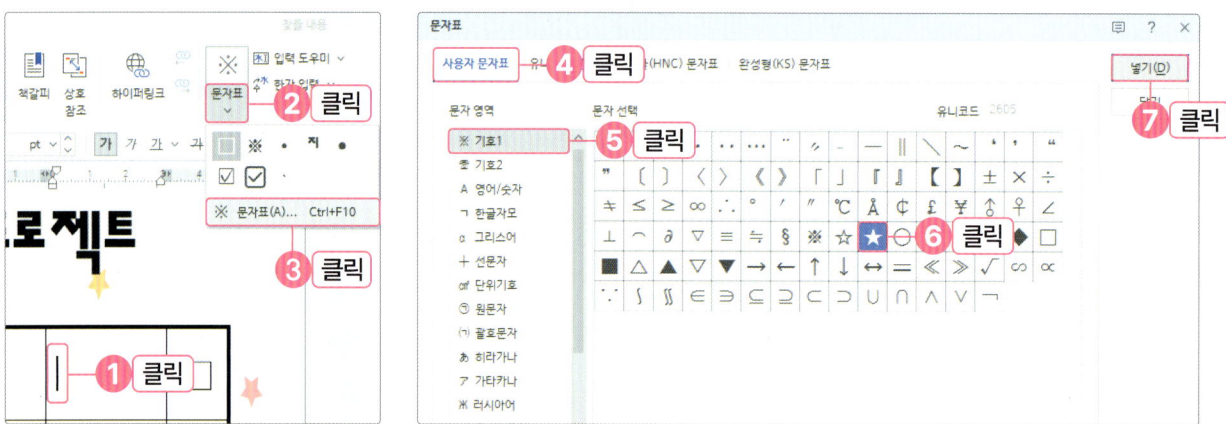

> **TiP**
> - 문자표 단축키 Ctrl + F10 을 눌러 빠르게 문자표를 입력할 수 있어요.
> - 최근 사용한 문자표는 [입력] 탭-[문자표(※)] 아이콘을 클릭하면 바로 삽입할 수 있어요.

❽ 같은 방법으로 특수 기호(★)를 입력한 후 블록으로 지정한 다음 서식 도구상자에서 글자 색(노랑)을 수정해요.

16 • 문서천재 한글 2022

CHAPTER 02 문서 천재로 가는 길!

톡톡 학습

01 [넌센스퀴즈.hwpx] 파일을 실행한 후 [그리기마당]의 [클립 아트]를 삽입해 퀴즈 정답을 입력해 보아요.

※ 클립아트 검색어 : 사과, 포도, 양파

🔵 불러올 파일 : 넌센스.hwpx   🟢 완성된 파일 : 넌센스_완성.hwpx

02 다음 중 텍스트와 개체가 어울리는 방식을 설정하는 개체 속성의 [본문과의 배치] 종류 중 개체가 텍스트 위에 놓이는 [글 앞으로]를 골라 보아요.

① ▣   ② ▣   ③ ▣   ④ ▣

CHAPTER

03 별별 이야기! 밤하늘 속 숨은그림찾기

학습 목표
- 글맵시를 삽입해서 멋진 제목을 만들 수 있어요.
- 도형 안에 그림을 삽입할 수 있어요.

미리 보기 이렇게 만들어 보아요

📁 불러올 파일 : 별자리.hwpx   📁 완성된 파일 : 별자리_완성.hwpx

① **글맵시 삽입** : [입력] 탭 → [글맵시] 클릭 → 스타일 선택 → 내용 입력

② **도형 설정** : 도형 클릭 → [개체 속성] → 그림 채우기 → 선 변경

▶ 호기심 챗 GPT

천칭자리 신화
천칭자리에는 아스트라이아라는 착한 여신이 있어요. 아스트라이아는 사람들이 공평하고 정직하게 살도록 도와주었어요. 하지만 사람들이 점점 불공평하게 행동하자, 아스트라이아는 하늘로 올라갔어요. 하늘에서 그녀는 저울을 들고 사람들에게 공평함을 알려줬어요. 그래서 천칭자리라는 별자리가 생겼답니다. 그 별은 우리가 공평하고 착하게 살아야 한다는 메시지를 주어요!

글맵시를 삽입해요.

① 한글 2022 프로그램을 실행한 후 [내 컴퓨터에서 불러오기] 메뉴를 클릭한 다음 [03차시]-[불러올 파일]-[별자리.hwpx] 파일을 선택하고 [열기]를 클릭해요.

② [입력] 탭-[글맵시( )]를 클릭한 후 내용을 입력한 다음 [설정]을 클릭해요.
   ※ 내용 : "별자리의 종류는 뭐가 있을까?"

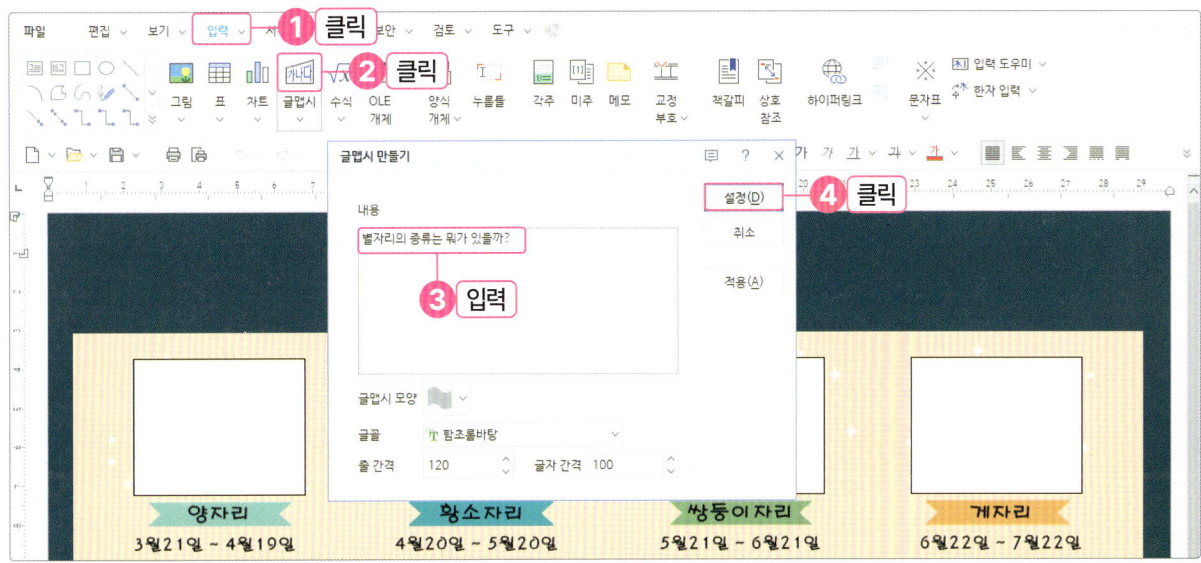

TiP [글맵시 만들기] 대화상자에서 글맵시 모양, 글꼴 등을 변경할 수 있어요.

③ 삽입한 글맵시를 더블클릭한 후 [개체 속성] 대화상자의 [기본] 탭에서 크기와 위치를 수정해요.
   ※ [크기] : 너비 189mm, 높이 25mm, [본문과의 배치] 글 앞으로( )

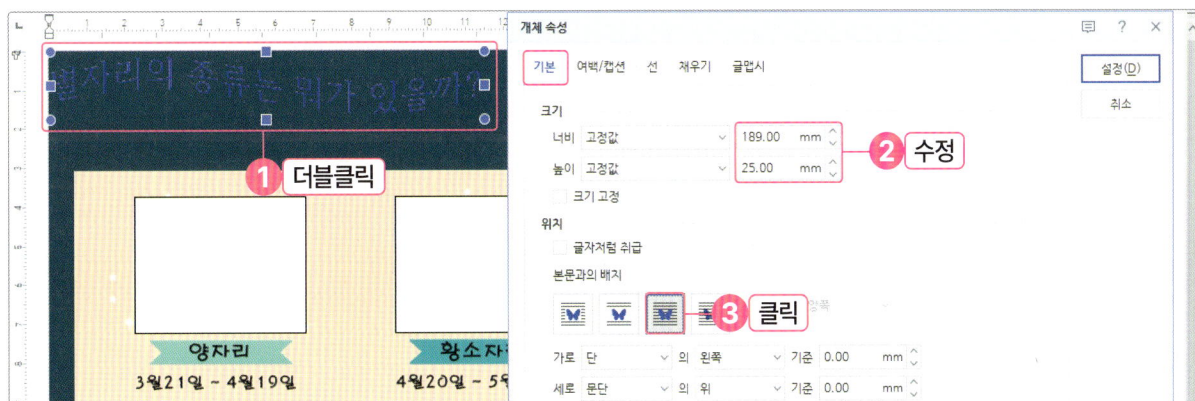

CHAPTER 03 별별 이야기! 밤하늘 속 숨은그림찾기 • 19

④ [개체 속성] 대화상자의 [채우기] 탭을 클릭한 후 [면 색]-[색 골라내기(✏️)]를 클릭한 다음 문서 배경색 클릭하여 글자 색을 수정해요.

※ 스포이드(✏️)는 현재 문서에서 원하는 색상을 클릭하면 해당 색이 자동으로 선택돼요.

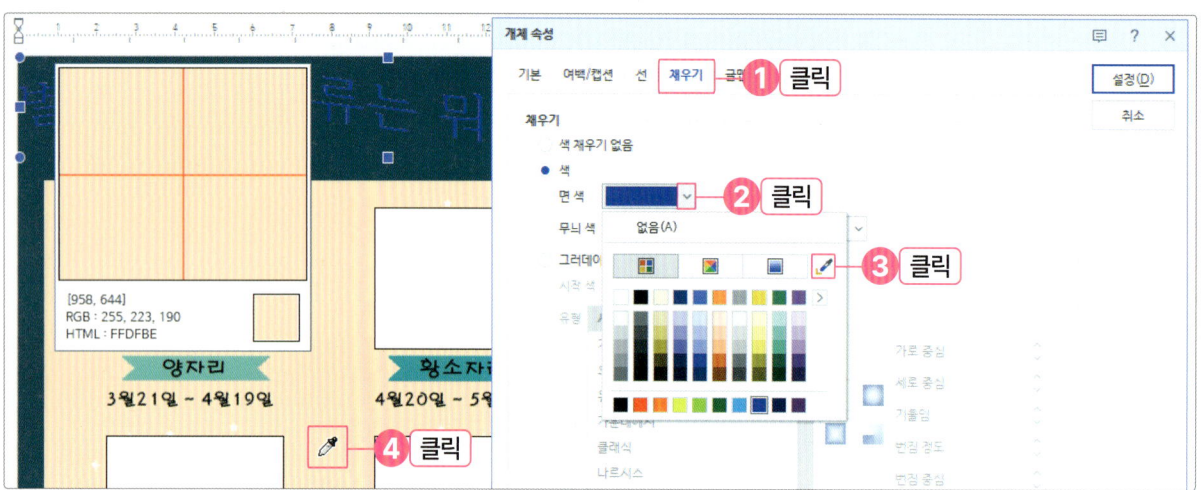

⑤ [글맵시] 탭을 클릭한 후 글맵시 모양과 글꼴, 그림자 등을 지정하고 [설정]을 클릭해요.

※ 글맵시 모양 : 물결 2(🚩), 글꼴 : HY태백B, 그림자 : 비연속, X 위치 0%, Y 위치 5%

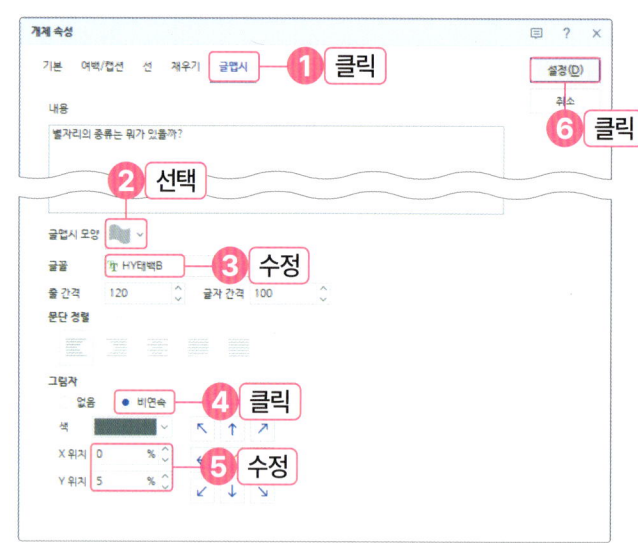

⑥ 서식을 변경한 [글맵시]의 위치를 가운데로 이동해요.

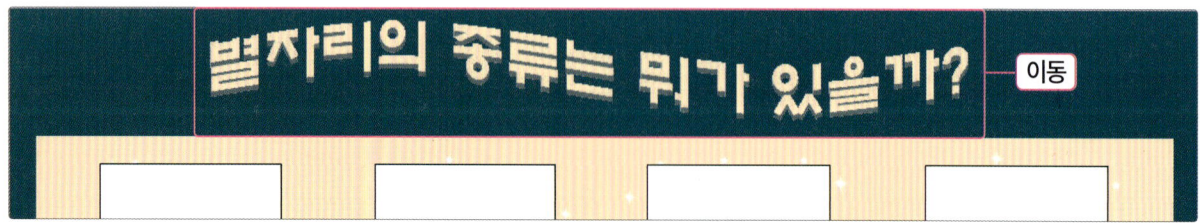

2 도형 안에 그림을 삽입해요.

① 양자리의 도형(사각형)을 더블클릭한 후 [개체 속성]-[채우기] 탭에서 [색 채우기 없음]과 [그림]을 클릭하여 체크한 다음 [그림 선택(📁)]을 클릭해요.

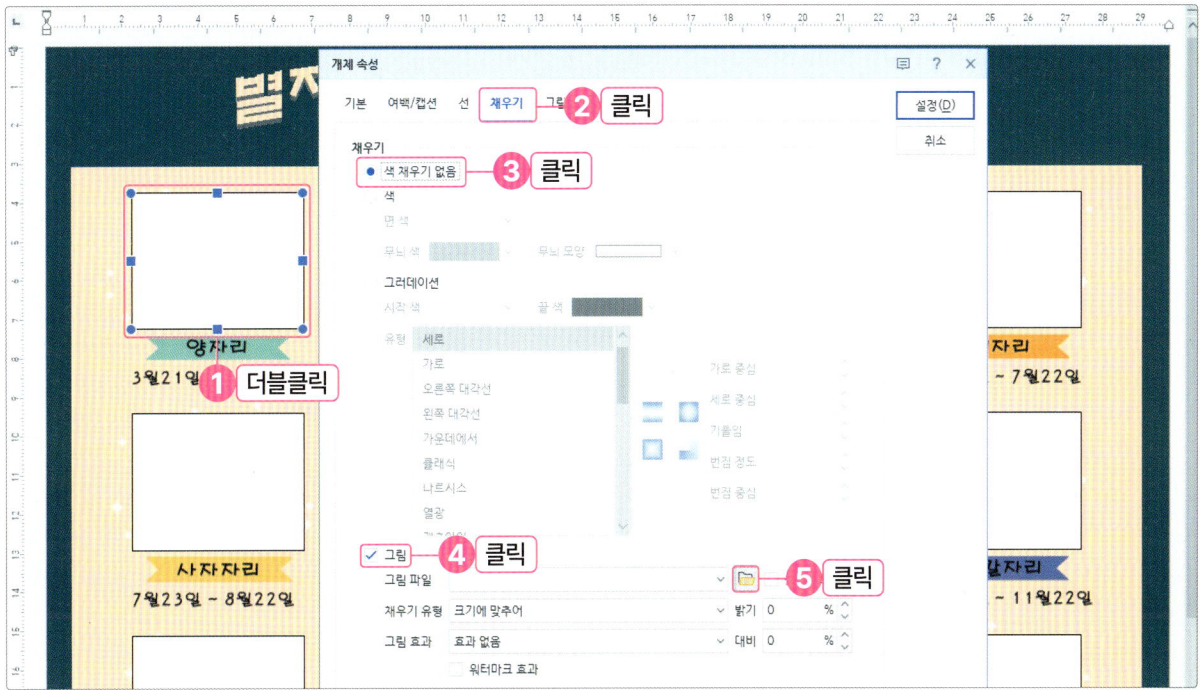

② [그림 넣기] 대화상자가 나타나면 [03차시]-[불러올 파일]-[별자리 이미지] 폴더에서 그림(양자리)을 선택한 후 [열기]를 클릭해요.

❸ [개체 속성] 대화상자의 [선] 탭에서 [선] 항목의 종류(없음)를 선택한 후 [설정]을 클릭해요.

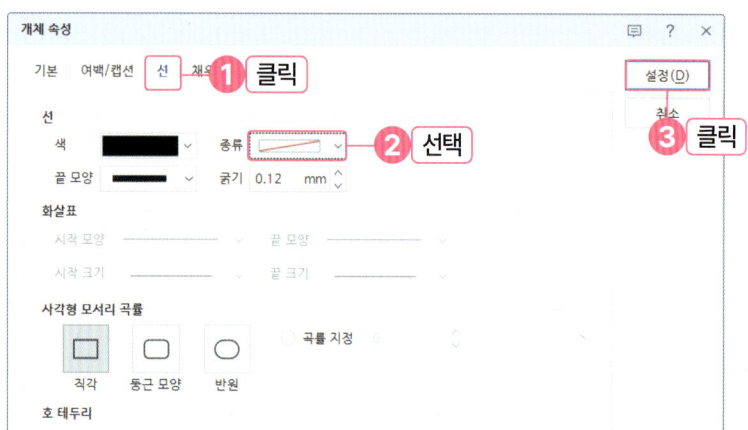

알고 넘어가요!

도형을 클릭한 후 [도형( )] 탭에서 도형의 윤곽선 및 채우기 등 서식을 변경할 수 있어요.

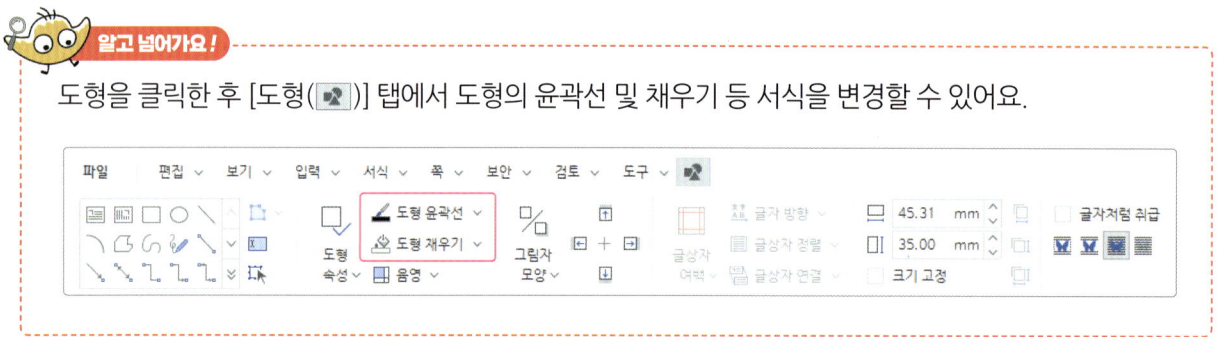

❹ 같은 방법으로 12가지의 별자리 도형을 모두 완성해요.

CHAPTER 03 문서 천재로 가는 길!

톡톡 학습

01 [에코백.hwpx] 파일을 실행한 후 글맵시를 넣고 원하는 별자리 이미지를 드래그하여 에코백을 완성해 보아요.

※ 글맵시 모양 : 갈매기형 수장, 글꼴 : HY엽서M

📁 불러올 파일 : 에코백.hwpx   📁 완성된 파일 : 에코백_완성.hwpx

02 다음 중 글맵시의 특징으로 알맞은 것은?

① 글자를 기울이거나 색을 칠할 수 없다.

② 그림을 그릴 때 사용하는 도구이다.

③ 글자를 꾸며서 더 눈에 띄게 만들 수 있다.

④ 글맵시는 인터넷에서만 사용할 수 있다.

CHAPTER 04 한자야 놀자! 알기 쉬운 한자 카드

학습 목표
- 한글을 한자로 변환할 수 있어요.
- 표 안에 다양한 그림을 삽입할 수 있어요.

미리 보기 — 이렇게 만들어 보아요

 불러올 파일 : 한자카드.hwpx　　 완성된 파일 : 한자카드_완성.hwpx

① **한자 입력 형식** : 한글 글자 입력 → 글자 선택 → [입력] 탭 → [한자 입력] 클릭

② **그림 삽입** : [입력] 탭 → [그림] → 이미지 선택 후 [열기]

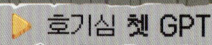 호기심 쳇 GPT

한자는 아주 오래전에 중국에서 처음 만들어졌어요.
처음 한자는 그림처럼 생겼고, 자연이나 사람, 동물 등을 나타내는 그림이었어요. 예를 들어, "산"을 나타내는 한자는 실제 산의 모습을 본뜬 그림이었고, "해"를 나타내는 한자는 태양 모양의 그림이었어요.
한자는 이렇게 그림에서 시작했지만, 이제는 뜻을 나타내는 중요한 글자가 되었어요. 우리가 학교에서 배우는 많은 한자들은 그 뜻이나 모양을 알면 훨씬 더 재미있고 쉽게 배울 수 있어요!

1 한글을 한자로 변환해요.

① 한글 2022 프로그램을 실행한 후 [내 컴퓨터에서 불러오기] 메뉴를 클릭한 다음 [04차시]-[불러올 파일]-[한자카드.hwpx] 파일을 선택한 다음 [열기]를 클릭해요.

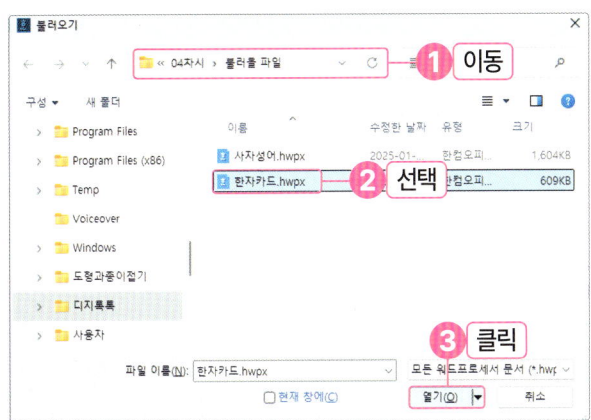

② 커서의 위치를 쉽게 확인하기 위해 [보기]-[문단 부호]를 클릭하여 체크한 후 표 전체를 블록으로 지정한 다음 글꼴(HY궁서), 글자 크기(18pt), 정렬(가운데 정렬)을 수정해요.

③ 요일을 입력한 첫 번째 줄을 블록으로 지정한 후 [표 레이아웃(⊞)] 탭의 [채우기(⬇)]-[표 자동 채우기]를 클릭해요.

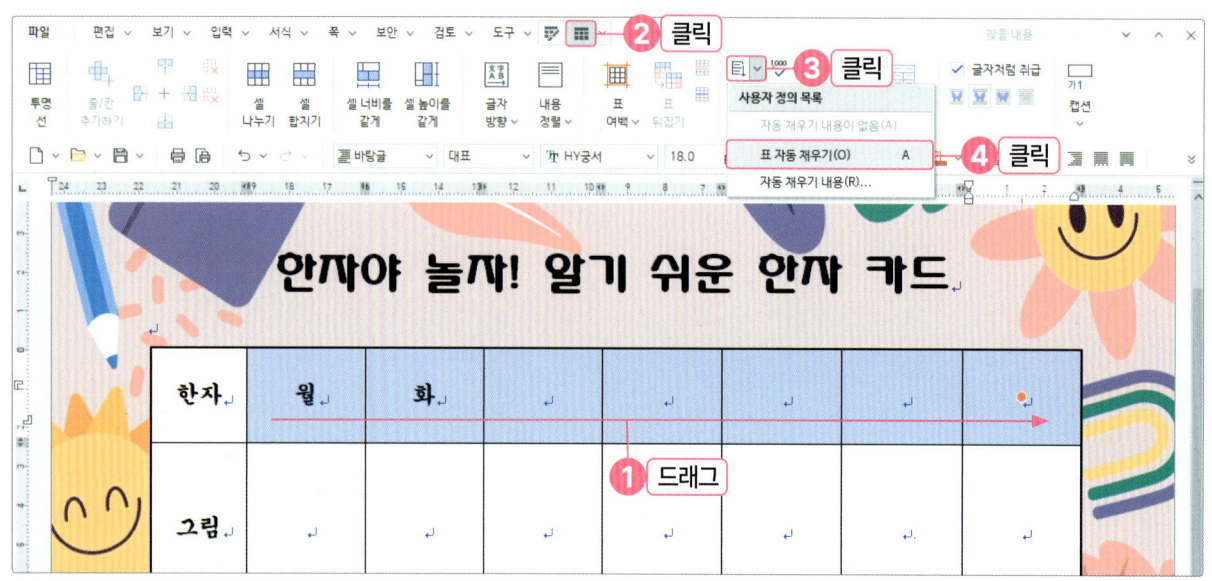

TIP
블록 지정 후 Ⓐ를 눌러도 요일이 자동으로 채워져요.

④ 첫 줄 요일을 블록으로 지정한 후 글자 크기(32pt)를 수정해요.

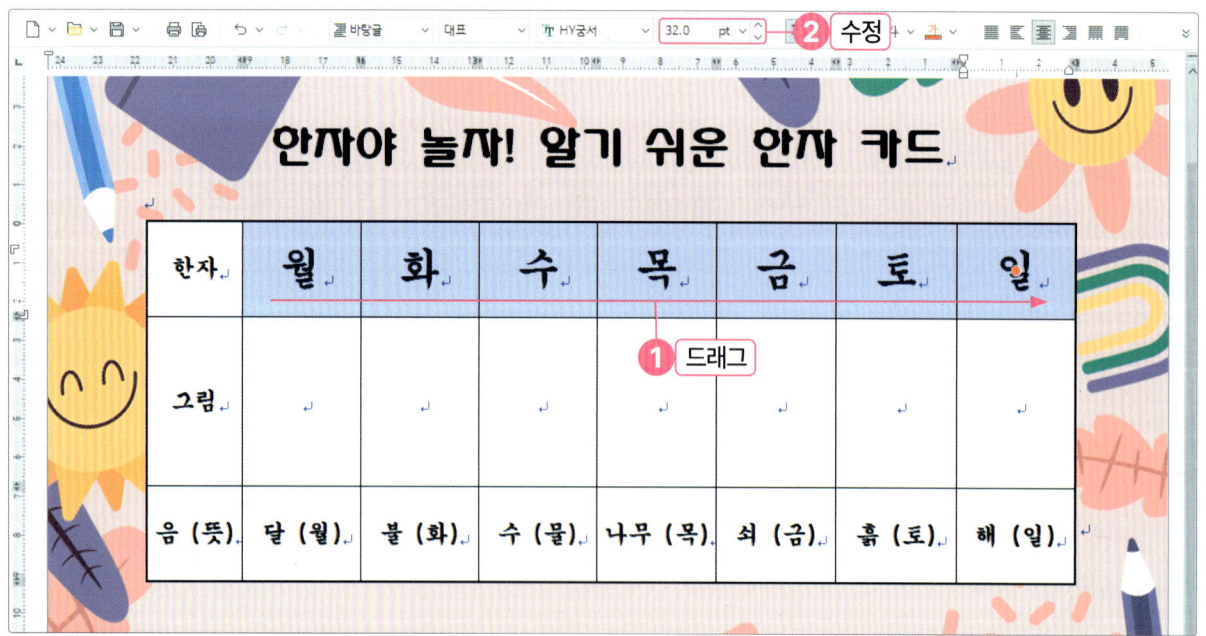

TIP
키보드의 Esc 를 누르면 표 안의 셀 범위 지정을 해제할 수 있어요.

❺ "월" 글자를 블록으로 지정한 후 키보드의 한자 를 눌러 변환하려는 한자를 찾아 [입력 형식]-[漢字] 선택한 다음 [바꾸기]를 클릭해요.

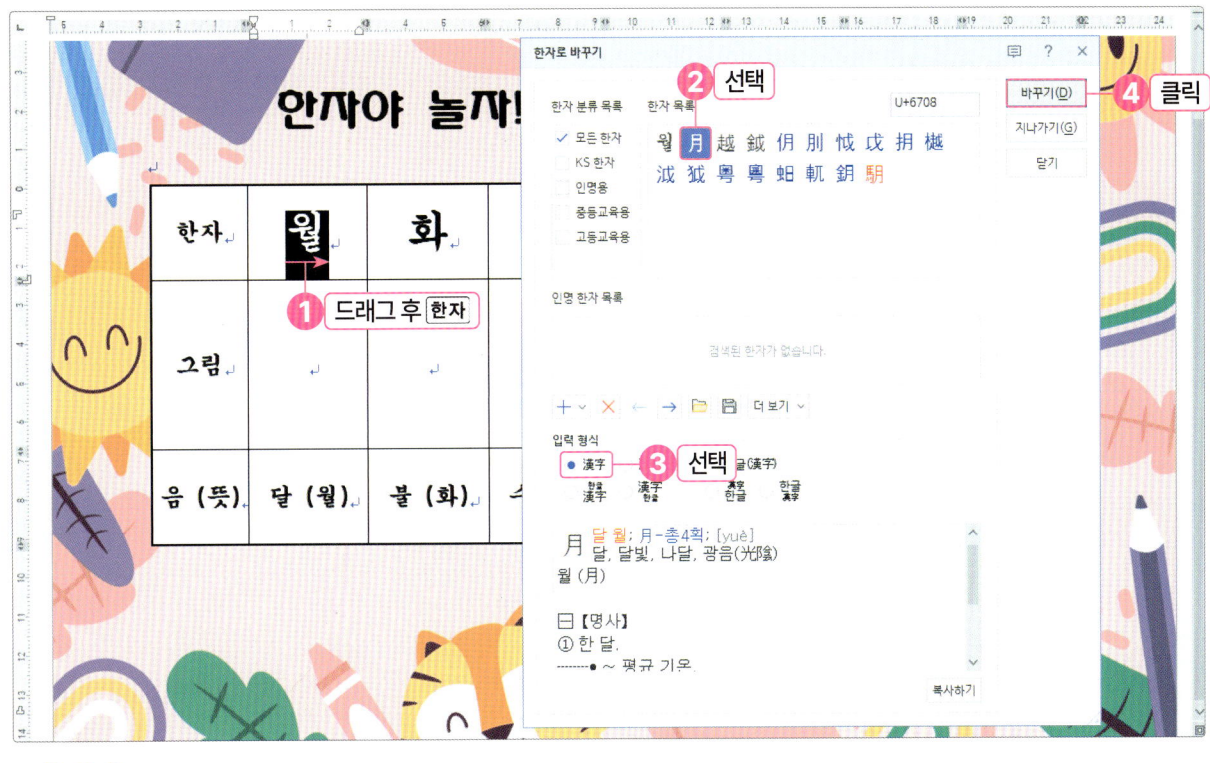

> **TIP**
> 키보드의 F9 를 눌러도 한자 변환을 할 수 있어요.

❻ 같은 방법으로 요일을 모두 한자로 변환해요.

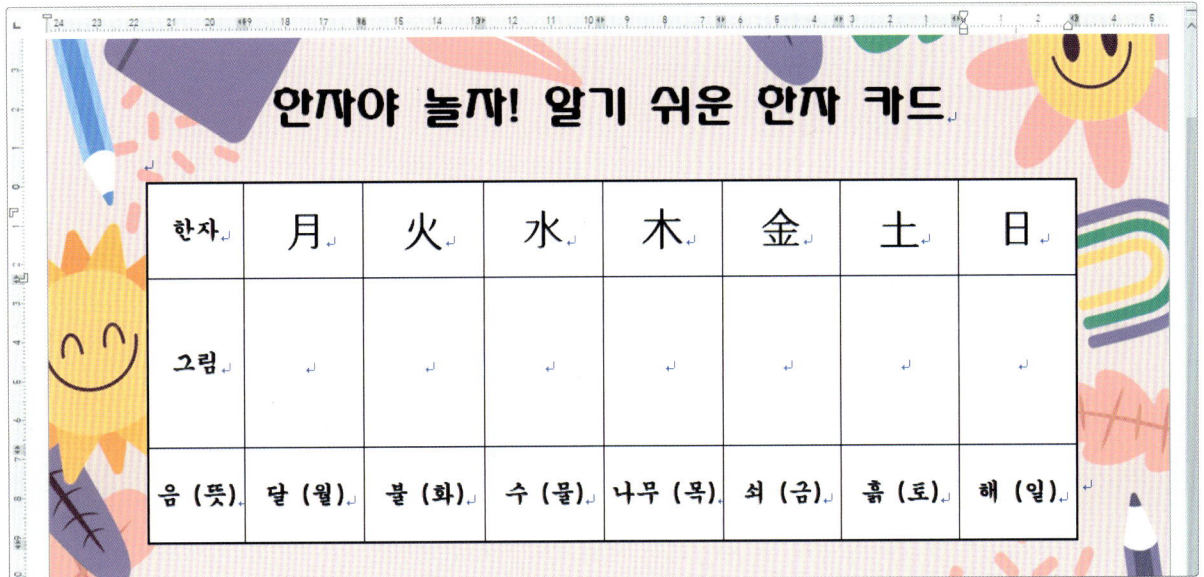

 **표 안에 다양한 그림을 삽입해요.**

❶ 그림 삽입할 셀을 클릭한 후 [입력] 탭-[그림( )]을 클릭해요. [그림 넣기] 대화상자에서 [04차시]-[이미지]의 한자 뜻에 맞는 그림(달)을 선택하고 글자처럼 취급을 체크한 다음 [열기]를 클릭해요.

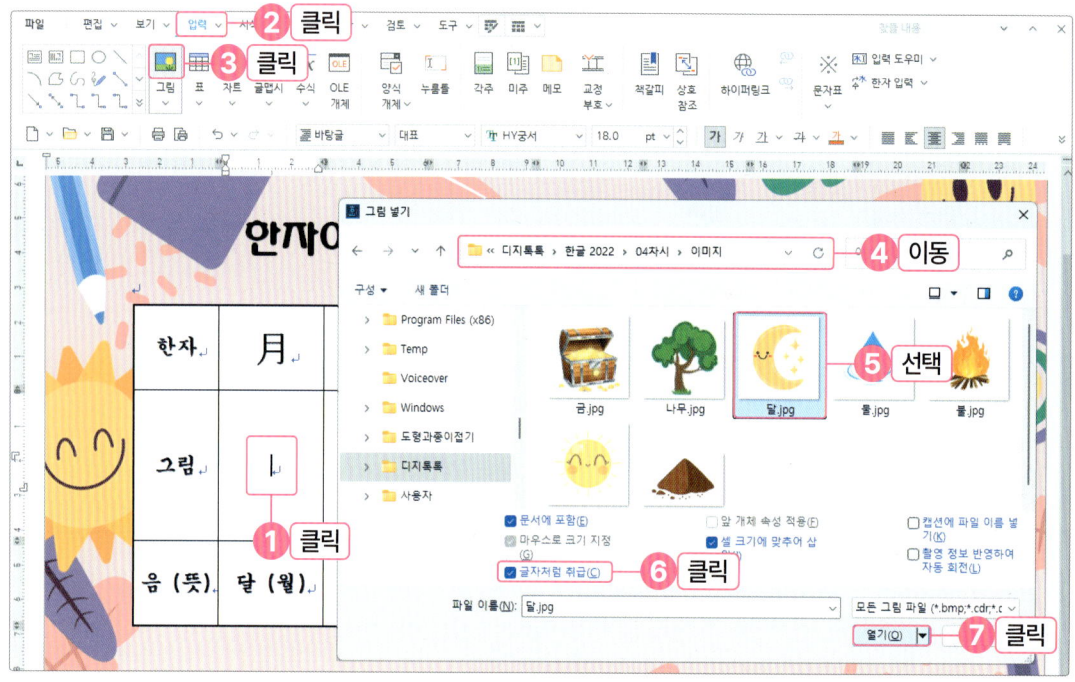

> **TIP**
> 그림을 삽입할 때 [글자처럼 취급]을 선택하면 그림도 글자처럼 정렬할 수 있어요.

❷ 같은 방법으로 나머지 셀에도 요일에 맞는 그림을 추가한 후 첫 줄을 블록으로 지정한 다음 [표 디자인( )]의 [표 채우기]-[노랑]을 클릭해요.

CHAPTER 04 문서 천재로 가는 길!

톡톡 학습

01 한자 입력 시 입력 형식 종류와 설명에 대해 바르게 선을 이어 보아요.

漢字 • • 한글과 괄호 안에 한자 입력

漢字(한글) • • 한자만 입력

한글(漢字) • • 한자와 괄호 안에 한글 입력

02 사자성어 파일을 실행한 후 사자성어 한자와 뜻을 입력한 다음 그림과 같이 문서를 완성해 보아요.

■ 불러올 파일 : 사자성어.hwpx   ■ 완성된 파일 : 사자성어_완성.hwpx

CHAPTER 04 한자야 놀자! 알기 쉬운 한자 카드 • **29**

CHAPTER 05

내 성격 사용 설명서!
MBTI 탐구생활

학습 목표
- 한글 편집 용지를 가로 형태로 설정할 수 있어요.
- 글머리 기호를 이용해서 번호를 쉽게 입력할 수 있어요.

🏆 **미리 보기** 이렇게 만들어 보아요

📁 불러올 파일 : MBTI.hwpx   📁 완성된 파일 : MBTI_완성.hwpx

① **편집 용지 설정** : [쪽] 탭 → [편집 용지] 클릭 → 용지 크기, 방향, 여백 설정 후 [확인]

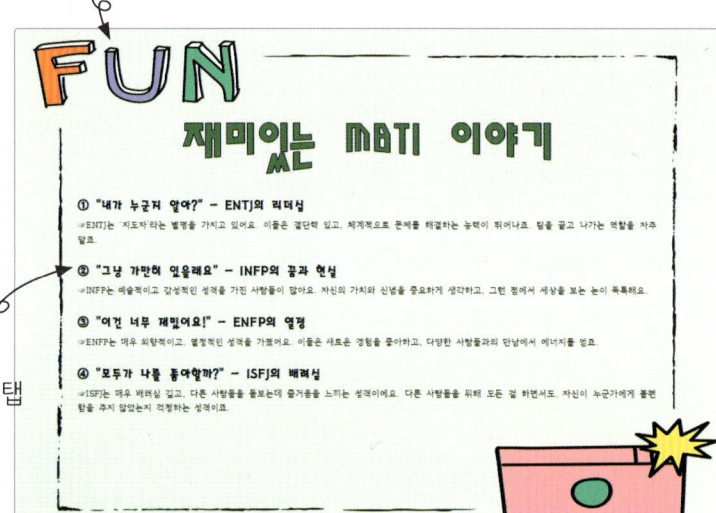

② **글머리 기호 넣기** :
목록 내용 선택 → [서식] 탭
→ [문단 번호] 클릭

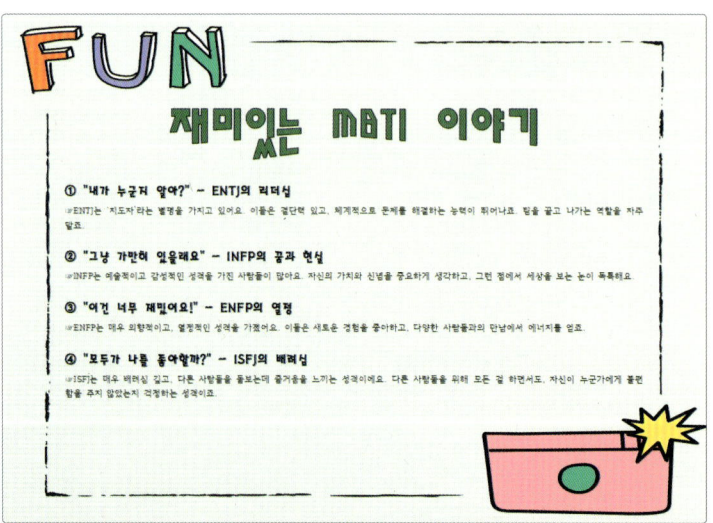

30 • 문서천재 한글 2022

 ## 슬라이드를 복제해요.

❶ [05차시]-[불러올 파일]-[MBTI.hwpx] 파일을 실행한 후 편집 용지 설정을 가로 방향으로 설정하기 위해 [쪽] 탭에서 [가로]를 클릭해요.

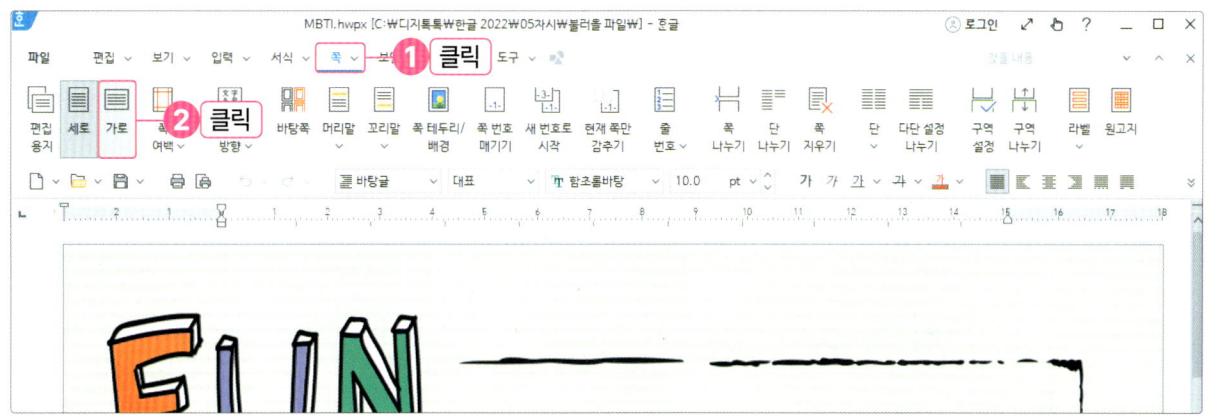

> **TiP**
> 키보드의 F7 을 눌러 [편집 용지] 대화상자에서 용지 종류, 방향, 여백 등을 설정할 수 있어요.

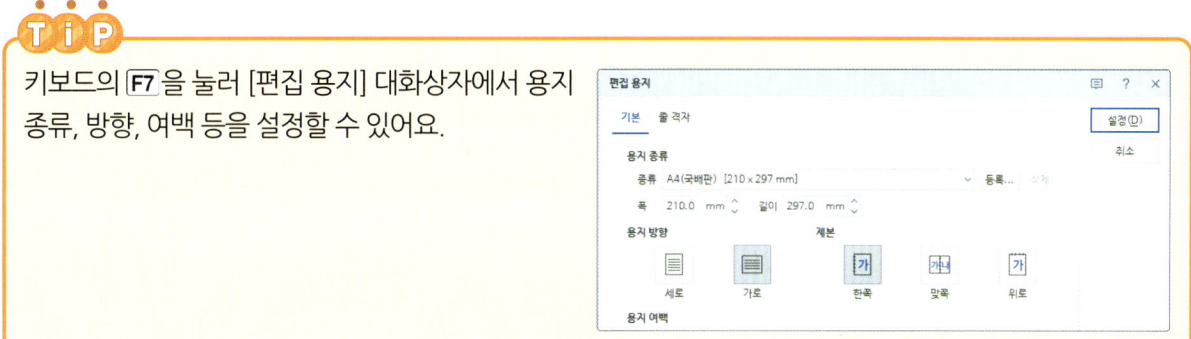

❷ 편집 용지의 방향이 가로 방향으로 지정돼요.

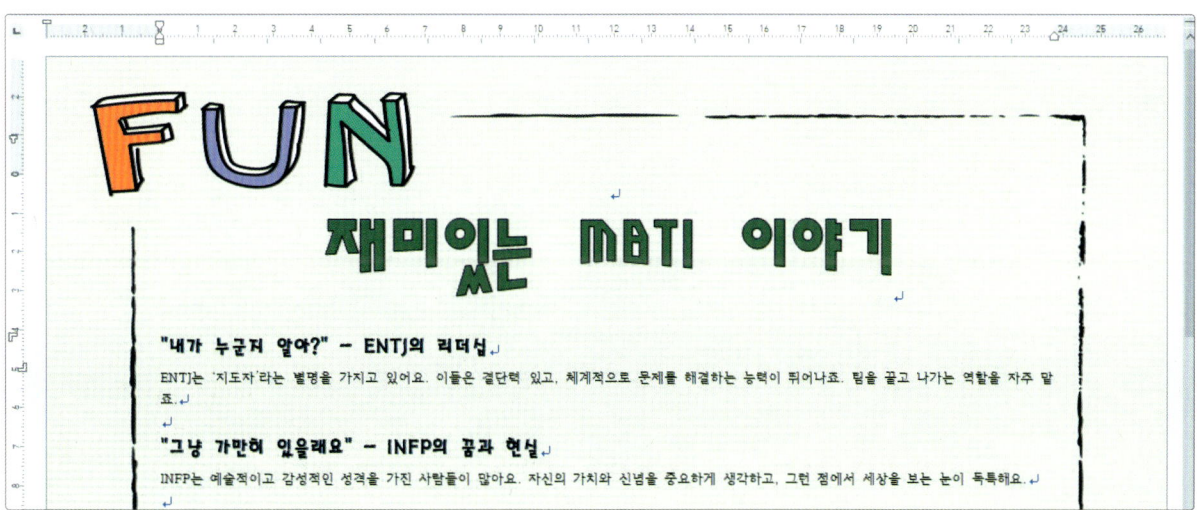

글머리 기호로 문단 번호를 삽입해요.

❶ 첫 번째 페이지의 내용을 블록으로 지정한 후 [서식] 탭의 [문단 번호( )]에서 문단 번호 모양을 선택해요.

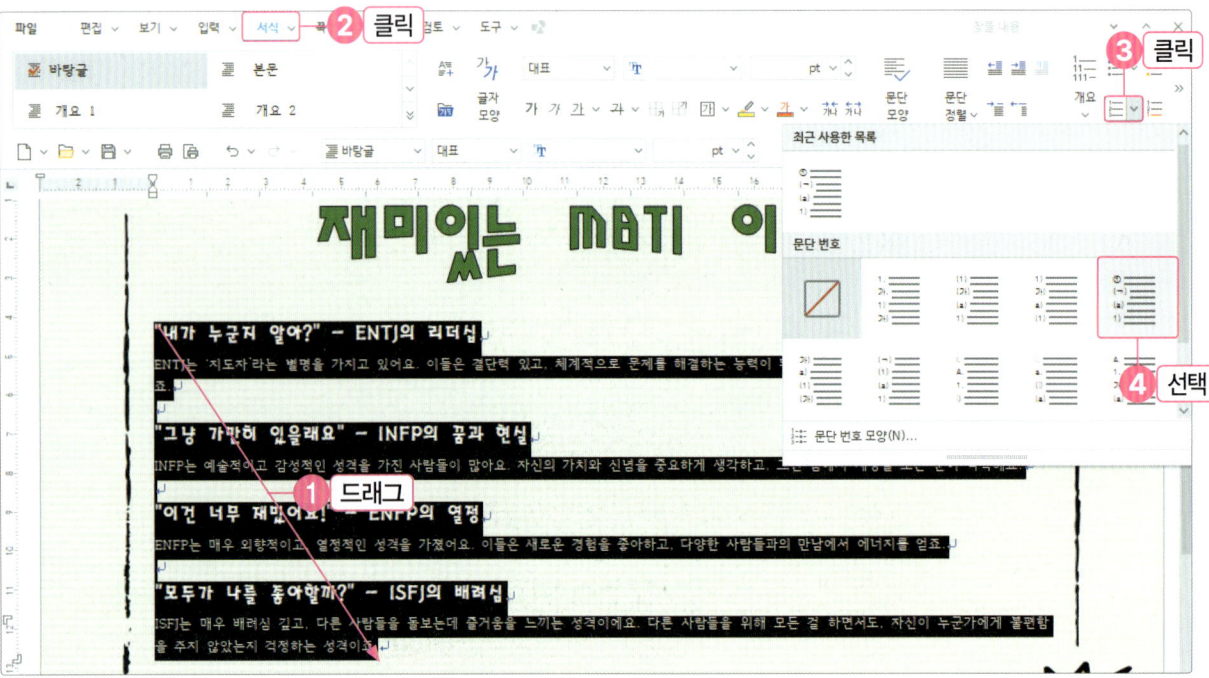

❷ 불필요한 문단 번호 뒤에 커서를 클릭한 후 BackSpace 를 눌러 삭제해요.
※ 필요 없는 문단 번호를 삭제하면 목록의 뒤쪽 문단 번호가 자동으로 변경돼요.

TIP
블록 지정한 영역에서 바로 가기 메뉴의 [글머리표 및 문단 번호]를 클릭해서 번호를 삽입할 수 있어요.

③ 두 번째 페이지 내용을 블록으로 지정한 후 [서식] 탭의 [문단 번호(☰)]에서 앞 페이지와 같은 문단 번호 모양을 선택해요.

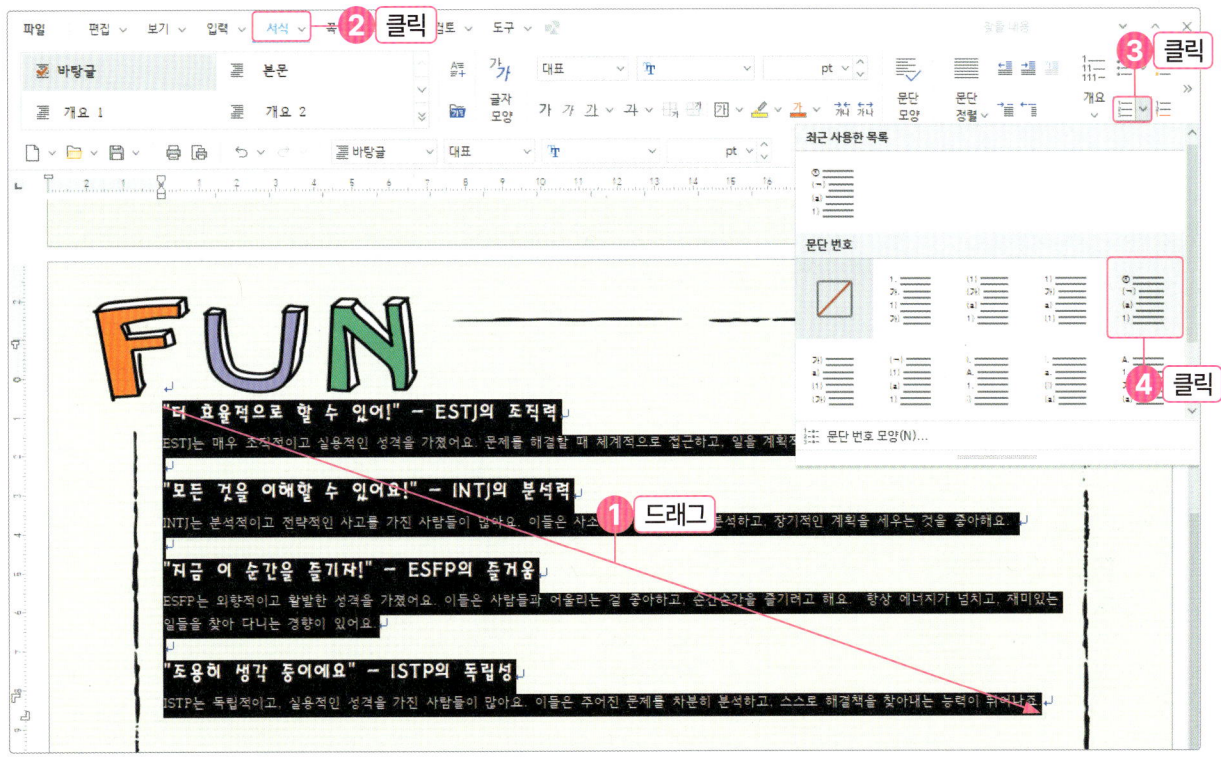

④ 두 번째 페이지의 불필요한 번호를 삭제한 후 문단 번호 "①"이 입력된 문단에서 바로 가기 메뉴의 [글머리표 및 문단 번호]를 클릭한 다음 대화상자가 나타나면 [문단 번호] 탭에서 [시작 번호 방식]-[앞 번호 목록에 이어]를 선택하고 [설정]을 클릭해요.

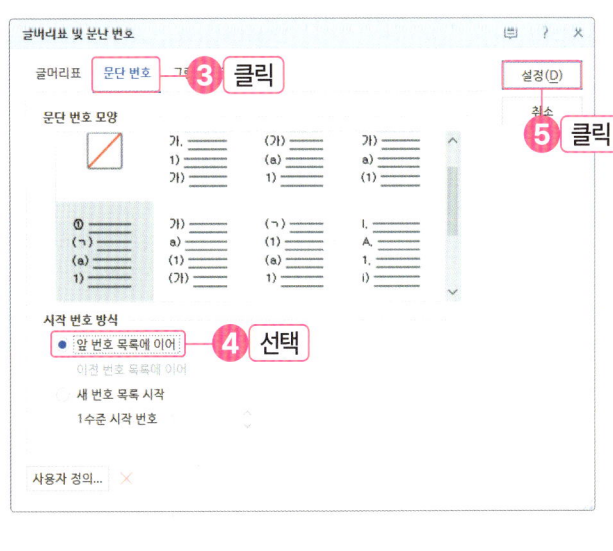

> **TIP**
> 첫 번째 페이지부터 두 번째 페이지까지 한 번에 드래그한 후 문단 번호 설정을 할 수도 있어요.

 **특수 문자를 삽입해요.**

① MBTI 설명 글 앞에 커서를 클릭한 후 키보드의 `Ctrl`+`F10`을 눌러 [문자표]에서 특수 기호(☞)를 선택한 다음 [넣기]를 클릭해요.

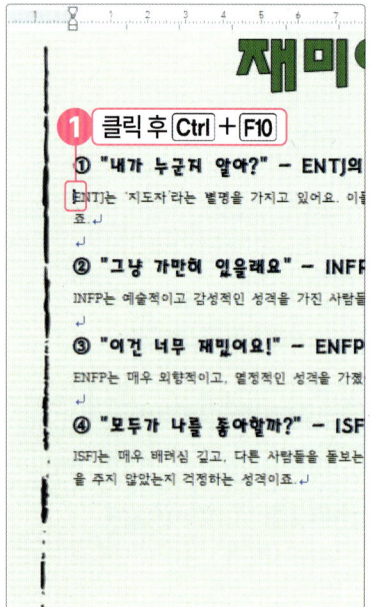

② 같은 방법으로 모든 문단 번호 아래의 MBTI 설명 글 앞에 특수 기호(☞)를 삽입해요.

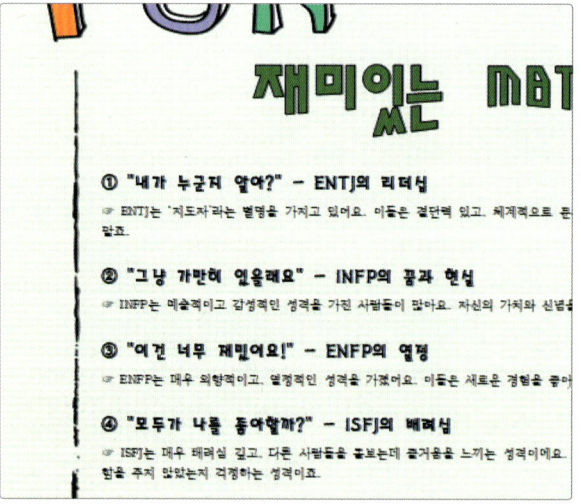
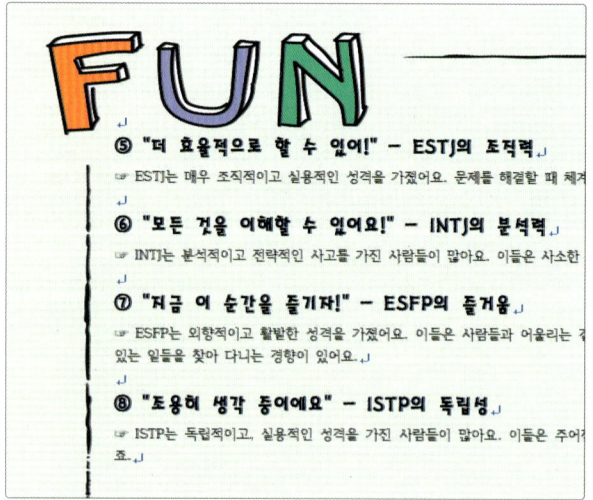

삽입한 특수 기호는 복사(`Ctrl`+`C`) 및 붙여넣기(`Ctrl`+`V`)로 쉽게 입력할 수 있어요.

CHAPTER 05 문서 천재로 가는 길!

톡톡 학습

01 [우노게임.hwpx] 파일을 실행한 후 [그림 글머리표]와 [문단 번호 모양]으로 문서를 완성해 보아요.

■ 불러올 파일 : 우노게임.hwpx   ■ 완성된 파일 : 우노게임_완성.hwpx

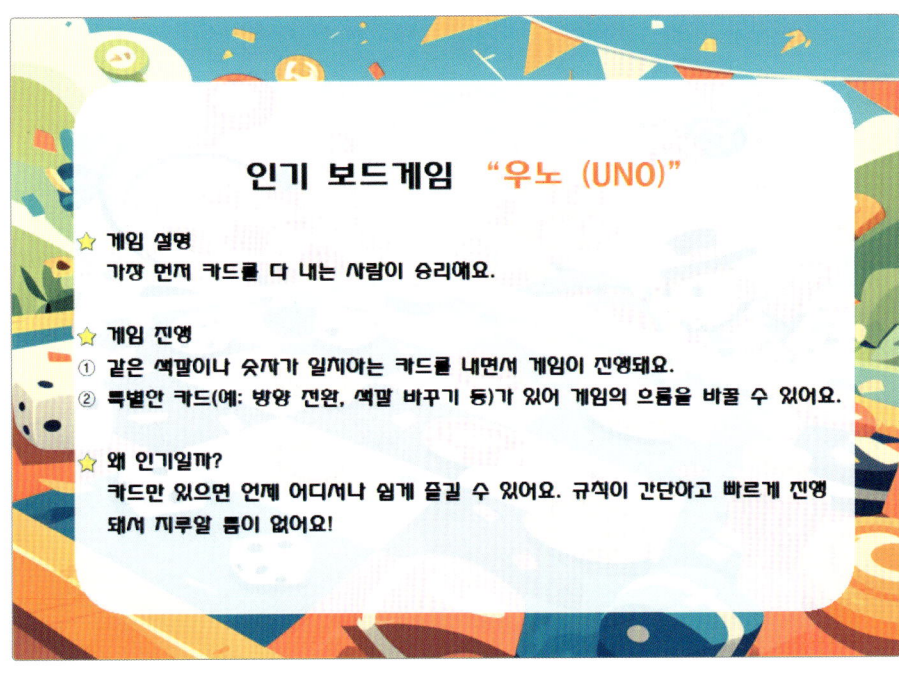

[작성 조건]

① F7 을 눌러 편지 용지를 [가로]로 설정한 후 도형의 크기와 위치를 조절해요.
② 제목을 블록으로 지정한 후 글꼴, 글자 크기 등의 서식을 원하는 모양으로 변경해요.
③ 같은 방법으로 본문 내용의 서식을 변경해요.
④ [서식]-[그림 글머리표]-[그림 글머리표 모양…]을 클릭한 후 원하는 모양을 삽입해요.
⑤ [서식]-[문단 번호]를 클릭한 후 게임 진행 순서에 번호를 삽입해요.

02 다음 글머리표 및 문단 번호 종류가 다른 것은?

① 글머리표   ② 특수 문자
③ 문단 번호   ④ 그림 글머리표

CHAPTER 06
말랑말랑 이모티콘 말풍선

- 한컴 애셋의 한글 서식을 활용해 이모티콘을 만들 수 있어요.
- 쪽 배경에 그림을 삽입할 수 있어요.

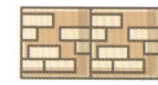 이렇게 만들어 보아요   📂 완성된 파일 : 말랑말랑 이모티콘_완성.hwpx

① 한컴 애셋 서식 : [도구] 탭 → [한컴애셋] 클릭 → [한글 서식] 탭의 서식 선택 후 다운로드 후 적용

② 쪽 배경 설정 : [쪽] 탭 → [쪽 테두리/배경] 클릭 후 [배경] 탭에서 설정

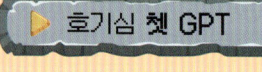 호기심 쳇 GPT

한컴 애셋(Hancom Asset)은 한글 2022와 같은 한컴오피스 프로그램에서 사용할 수 있는 다양한 디자인 도구상자를 말해요. 마치 미술 시간에 쓰는 색연필이나 스티커처럼, 한컴 애셋에는 그림, 아이콘, 템플릿, 배경, 서식 같은 재료들이 들어 있어요. 한컴 애셋을 이용하면 숙제나 발표 문서에 다양한 자료 삽입해 보다 재미있고 멋진 문서를 만들 수 있어요.

1 한컴 애셋의 한글 서식을 활용해요.

① 한글 2022 프로그램을 실행한 후 [새 문서]를 클릭해요.

② [도구] 탭-[한컴 애셋()]을 클릭한 후 [한컴 애셋] 대화상자의 [한글 서식] 탭에서 "말랑말랑 말풍선"을 입력한 다음 Enter 를 눌러 검색하고 내려받기(⬇)를 클릭해요.

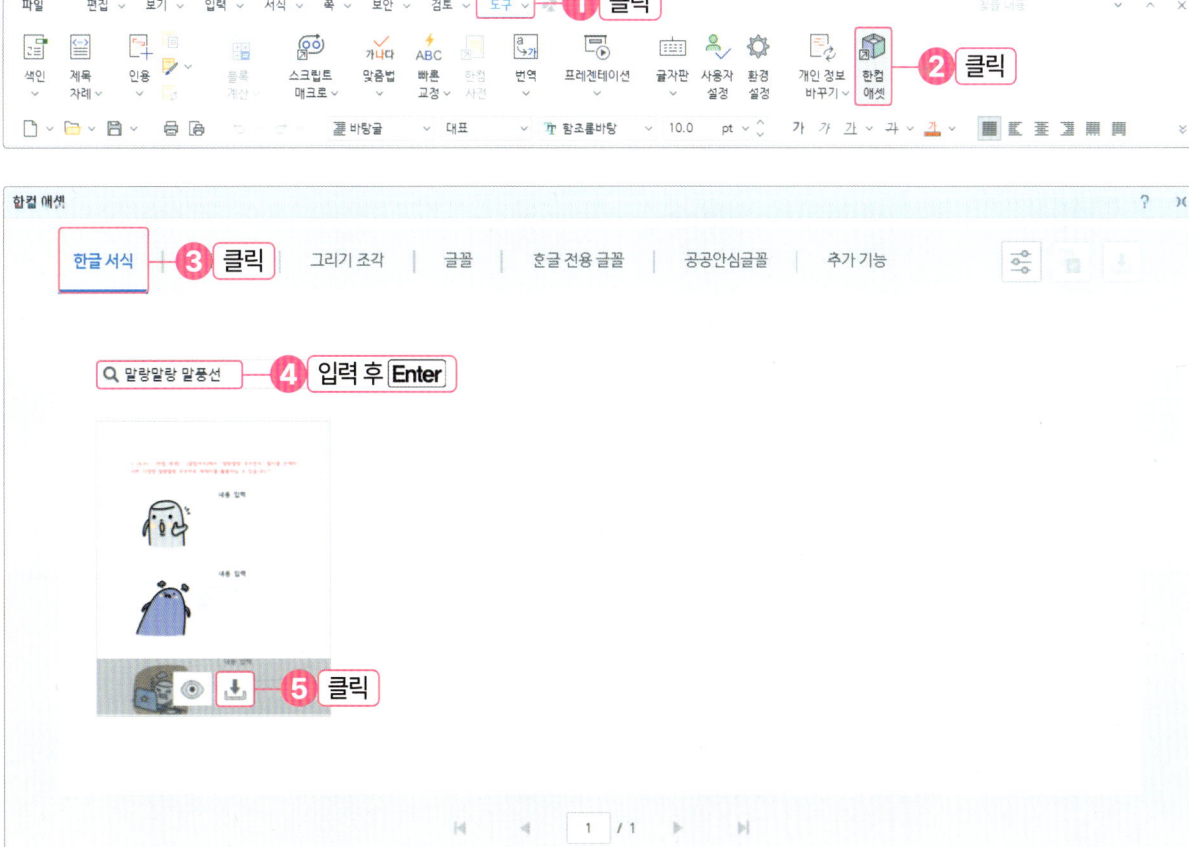

CHAPTER 06 말랑말랑 이모티콘 말풍선 • 37

2 쪽 배경 그림을 삽입해요.

❶ [말랑말랑 말풍선] 한글 서식에 포함된 참고 표시(※) 설명글은 블록 지정 후 Delete 를 눌러 삭제해요.

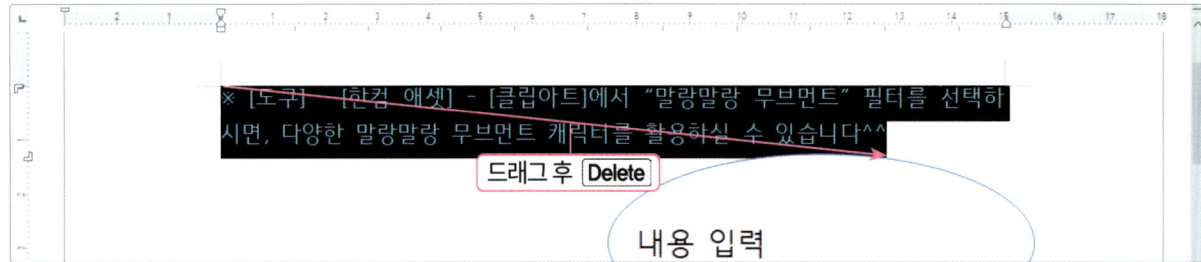

알고 넘어가요!

참고 표시(※)

한컴 애셋의 서식에서 참고 표시(※)가 포함된 이유는 문서 내에서 사용자가 반드시 확인해야 할 내용을 강조하기 위해 사용돼요. 예를 들어 작성 방법, 입력 예시, 주의 사항 등을 안내하는 용도로 활용돼요.

❷ [쪽] 탭-[쪽 테두리/배경(🖼)]을 클릭한 후 [배경] 탭에서 [그림]을 클릭하여 체크해요. [그림 선택(📁)]을 클릭한 다음 [06차시]-[불러올 파일]에서 [배경] 그림 파일을 선택하고 [열기] 및 [쪽 테두리/배경] 대화상자의 [설정]을 클릭해요.

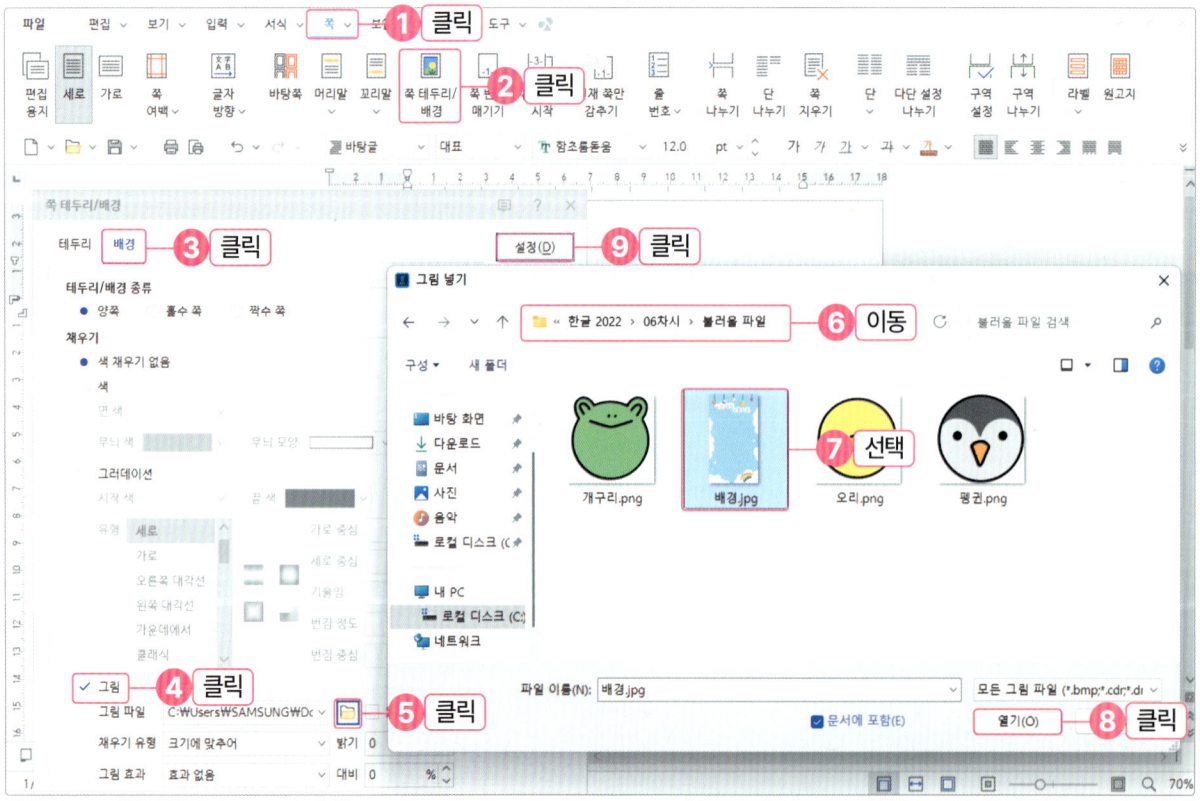

❸ 말풍선 안에 내용을 수정한 후 Shift 를 눌러 말풍선을 모두 선택한 다음 글꼴(한컴 백제M) 및 글자 크기(18pt)를 수정하고 진하게(가) 및 가운데 정렬(≡)을 클릭해요.

1 페이지 말풍선 입력 내용

- 힘을 내요~~ 슈퍼 파월~~
- 화가 난다 화가 나!
- 못 참아!

2 페이지 말풍선 입력 내용

- 마이크 첵! 원투 원투~
- 췩오~ 췩오~ 엄지 척!
- 쉿! 너한테만 알려줌

❹ 말풍선 테두리를 더블클릭한 후 [개체 속성] 대화상자가 나타나면 [선] 탭에서 색(임의)과 굵기(1mm)를 수정한 다음 [설정]을 클릭해요.

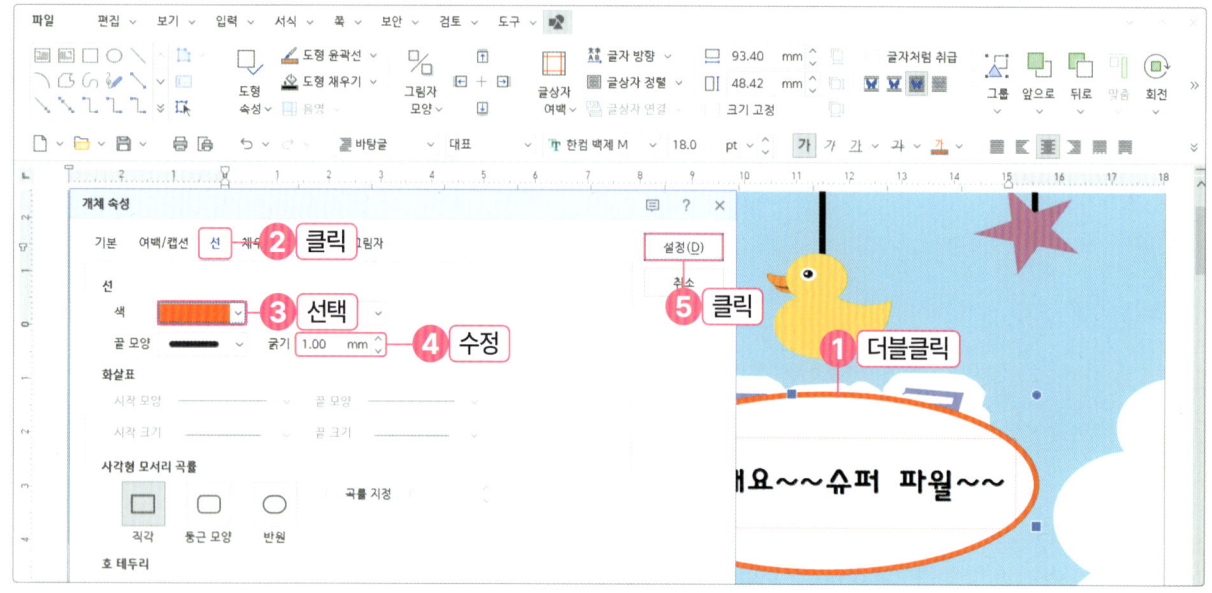

알고 넘어가요!

[도형] 탭에서 [도형 윤곽선]을 수정하면 말풍선 안 글상자의 테두리까지 함께 바뀌므로, 개체 속성에서 선을 변경하는 것이 좋아요.

❺ 모든 말풍선의 테두리 색과 굵기를 수정해요.

CHAPTER 06 문서 천재로 가는 길!

톡톡 학습

01 [한컴 에셋]에서 "말랑말랑 칭찬스티커"를 내려받기한 후 칭찬스티커 판을 완성해 보아요.
- 타원 삽입, 그림으로 채우기
- 직사각형 삽입, 도형 안에 글자 넣기, 선 색(선 없음), 도형 채우기(하양), 투명도(10%)
- 글꼴(한컴 백제 B), 글자 크기(23pt)

📁 완성된 파일 : 칭찬스티커_완성.hwpx

02 빈 칸에 알맞는 메뉴의 이름을 적어 보아요.

① 문서를 꾸미고 싶을 때는 한글에서 한컴 _____ 을 사용할 수 있어요.

② '한컴 애셋'은 한글 프로그램의 _____ 메뉴 안에 있어요.

CHAPTER **07**
DIY 커스터마이징 슈즈 만들기

학습 목표
- 그림을 원하는 각도로 회전할 수 있어요.
- 여러 개의 개체를 하나로 묶어 그룹화할 수 있어요.

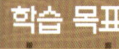 이렇게 만들어 보아요　　■ 불러올 파일 : DIY 슈즈.hwpx　　■ 완성된 파일 : DIY 슈즈_완성.hwpx

① **개체 회전** : 개체 선택 → 회전 핸들 드래그 또는 [개체 속성] → [회전] 값 입력

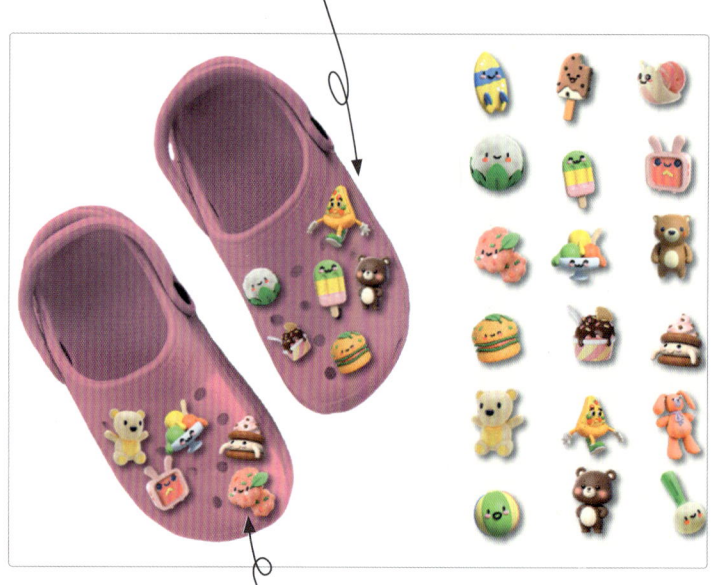

② **개체 그룹화** : 여러 개체 선택 → 바로 가기 메뉴 → 개체 묶기

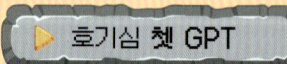 호기심 쳇 GPT

Customizing(커스터마이징)은 "자기 마음대로 바꾸거나, 원하는 대로 고치는 것"을 뜻해요. 예를 들어, 좋아하는 색깔로 가방을 바꾸거나, 게임 캐릭터의 옷을 마음대로 고치는 것도 커스터마이징이에요. 쉽게 말하면, "내가 원하는 대로 꾸미거나 만드는 것"이라고 할 수 있어요!

그림을 원하는 각도로 회전해요.

① [DIY 슈즈.hwpx] 파일을 실행한 후 [보기] 탭에서 [쪽 맞춤(▢)]을 클릭해요.

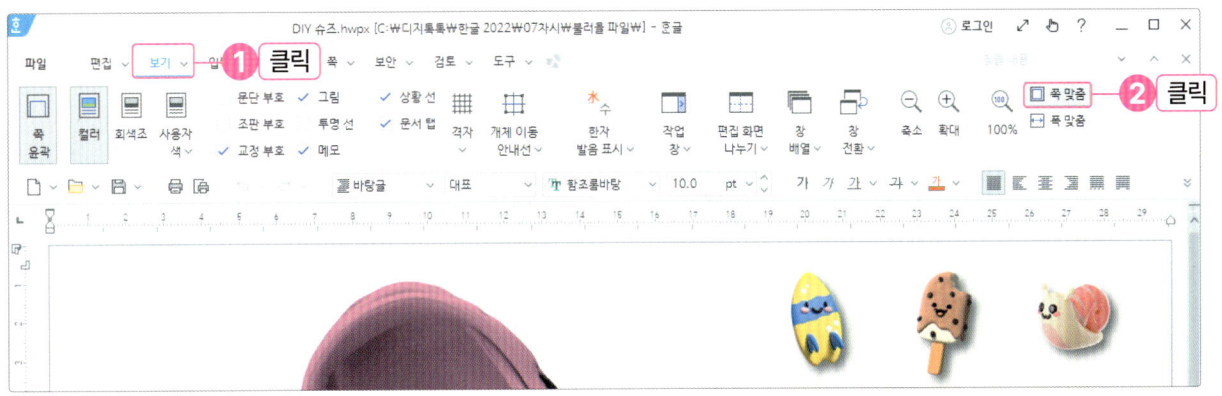

② 아이템(아이스크림)을 드래그하여 슈즈 위로 이동한 후 크기 조절점(◉)으로 드래그해서 크기를 조절해요. 이어서 [그림(🌷)] 탭-[회전]-[개체 회전]을 클릭한 다음 회전 핸들(◉)을 이용해 각도를 회전해요.

알고 넘어가요!

회전 핸들

개체(이미지, 도형, 텍스트 상자 등)를 클릭한 후 개체 회전을 선택하면 초록색 점이 나타나요.
이 초록색 점(회전 핸들)에 마우스를 갖다 대면 회전 화살표 모양으로 바뀌며, 드래그하면 개체를 원하는 각도로 회전할 수 있어요. 키보드의 Esc 를 누르면 개체 회전을 종료 할 수 있어요.

❸ 아이템(피자)을 드래그하여 원하는 위치로 이동 및 크기를 조절한 후 [그림] 탭-[회전( )]-[좌우 대칭( )]을 클릭해요.

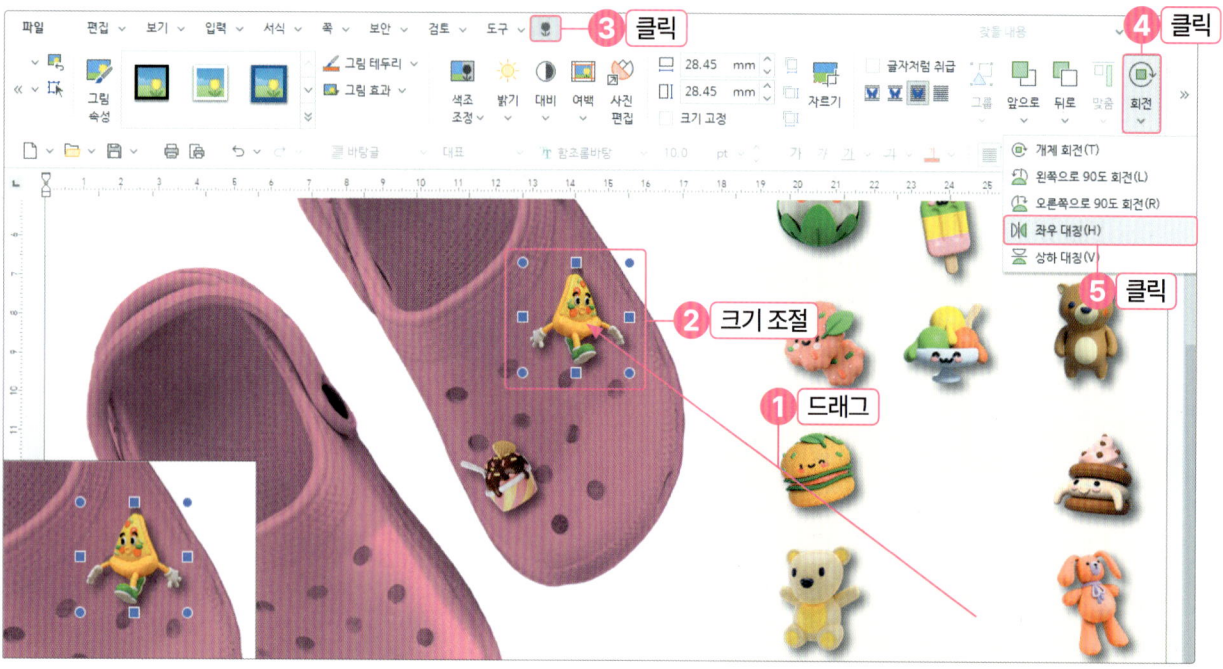

❹ 슈즈를 장식한 후 남은 아이템과 도형(사각형)을 모두 Delete 로 삭제해요.

2 여러 개의 개체를 하나로 묶어 그룹화해요.

1. [편집] 탭-[개체 선택(□)]을 클릭한 후 슈즈와 아이템 전체를 드래그하여 모두 선택한 다음 키보드의 Ctrl + G 를 누르고 [개체 묶기] 대화상자에서 [실행]을 클릭해요.

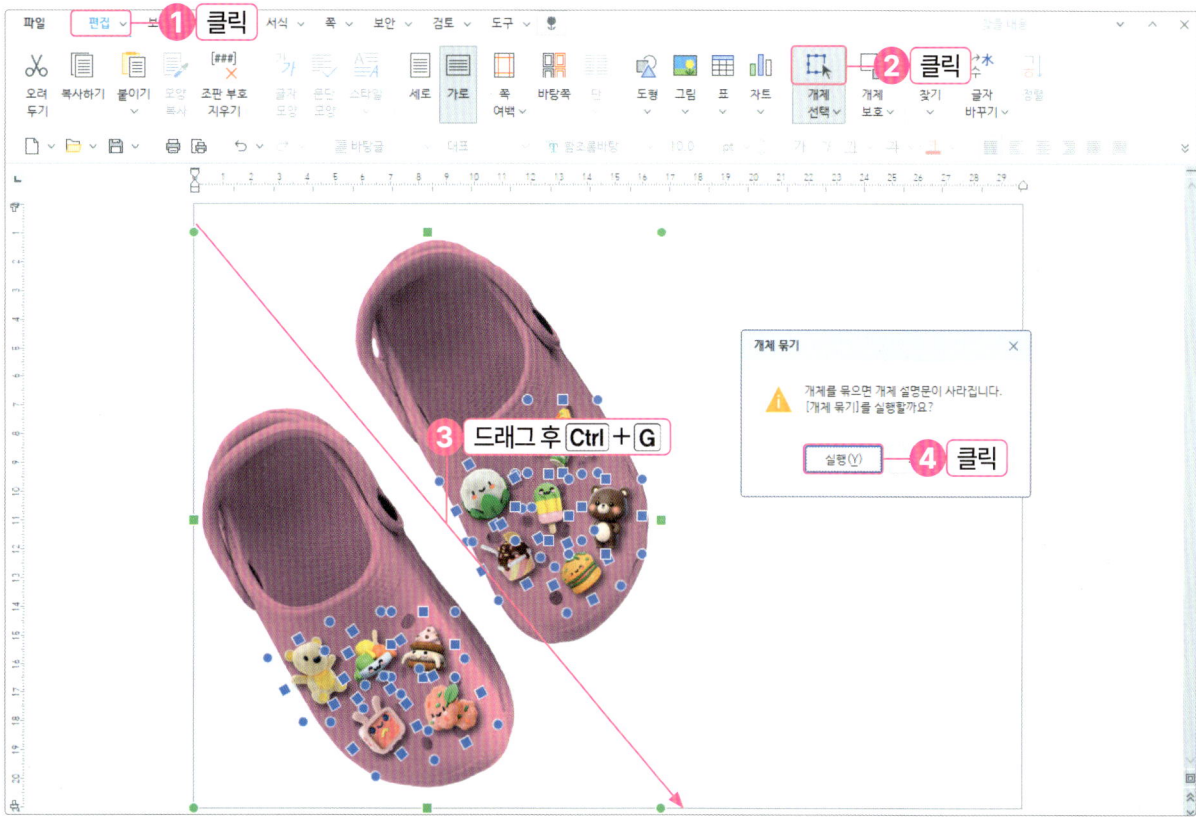

2. [쪽] 탭에서 편집 용지를 [세로]로 선택한 후 [쪽 테두리/배경(□)]을 클릭해요. [쪽 테두리/배경] 대화상자의 [배경] 탭에서 [그림]을 클릭하여 체크하고 [그림 선택(□)]을 클릭해요.

CHAPTER 07 DIY 커스터마이징 슈즈 만들기 • 45

❸ [그림 넣기] 대화상자가 나타나면 [7차시]-[불러올 파일]-[세일배경] 그림 파일을 선택한 후 [열기]를 클릭한 다음 [쪽 테두리/배경] 대화상자의 [설정]을 클릭해요.

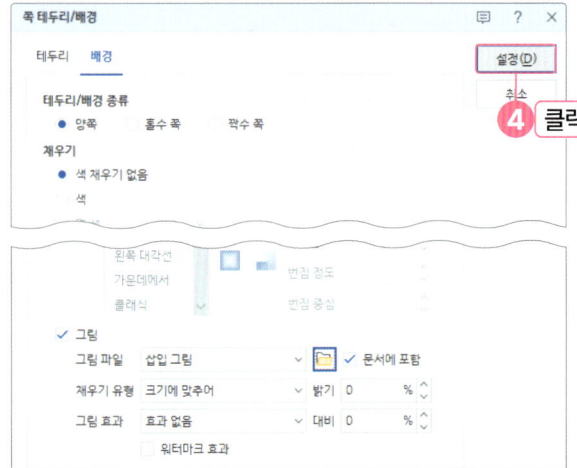

❹ 문서 전체 보기를 하기 위해 상태 표시줄에서 [확대/축소]를 클릭한 후 대화상자의 [쪽 맞춤]을 클릭한 다음 [설정]을 클릭해요. 이어서 [슈즈] 그림을 클릭하고 [도형( )] 탭에서 너비(125mm)와 높이(150mm)를 수정해요.

CHAPTER 07 문서 천재로 가는 길!

톡톡 학습

01 [표정 체인지.hwpx] 파일을 실행한 후 얼굴 그림을 이동시키고 다양한 표정으로 완성해 보아요.

📁 불러올 파일 : 표정 체인지.hwpx   📁 완성된 파일 : 표정 체인지_완성.hwpx

02 다음 아이콘 모양에 맞는 회전 기능을 빈칸에 적어 보아요.

①
②
③ 　
④
⑤

CHAPTER

08 이야기 속 숨은 보물, 각주와 덧말 탐험대!

학습 목표
- 페이지 영역을 나누는 다단을 설정할 수 있어요.
- 글 속에서 중요한 정보를 표시하는 각주를 입력할 수 있어요.
- 덧말 넣기 기능으로 글을 더 재미있게 표현할 수 있어요.

미리 보기 — 이렇게 만들어 보아요

■ 불러올 파일 : 영어 표기법.hwpx   ■ 완성된 파일 : 영어 표기법_완성.hwpx

③ **덧말 넣기** : 글자 선택 → [입력] 탭 → [덧말 넣기] 클릭 → 덧말 내용 입력 후 [확인]

① **다단 설정** : [쪽] 탭 → [단] 클릭 → 단 수와 간격 지정 → [확인]

② **각주 입력** : 커서 위치 지정 → [입력] 탭 → [각주] 클릭 → 설명 작성

▶ 호기심 쳇 GPT

각주는 책이나 글에서 중요한 정보를 더 자세히 설명해 주는 작은 글이에요. 각주는 우리가 읽고 있는 내용을 더 잘 이해할 수 있도록 도와주는 역할을 해요. 예를 들어, "사자"에 대해 이야기할 때, "사자는 큰 동물이에요"라고 쓴 뒤, 작은 각주에서 "사자는 아프리카와 아시아에 살아요"라고 적어두는 거죠.

 **페이지 영역을 나누는 다단을 설정해요.**

❶ [영어 표기법.hwpx] 파일을 실행한 후 입력된 내용을 블록으로 지정한 다음 [쪽] 탭-[단]-[둘]을 클릭해 다단 설정을 해요.

❷ 두 개의 단으로 나누어지면 글꼴(HY동녘B) 및 글자 크기(32pt)를 수정해요.

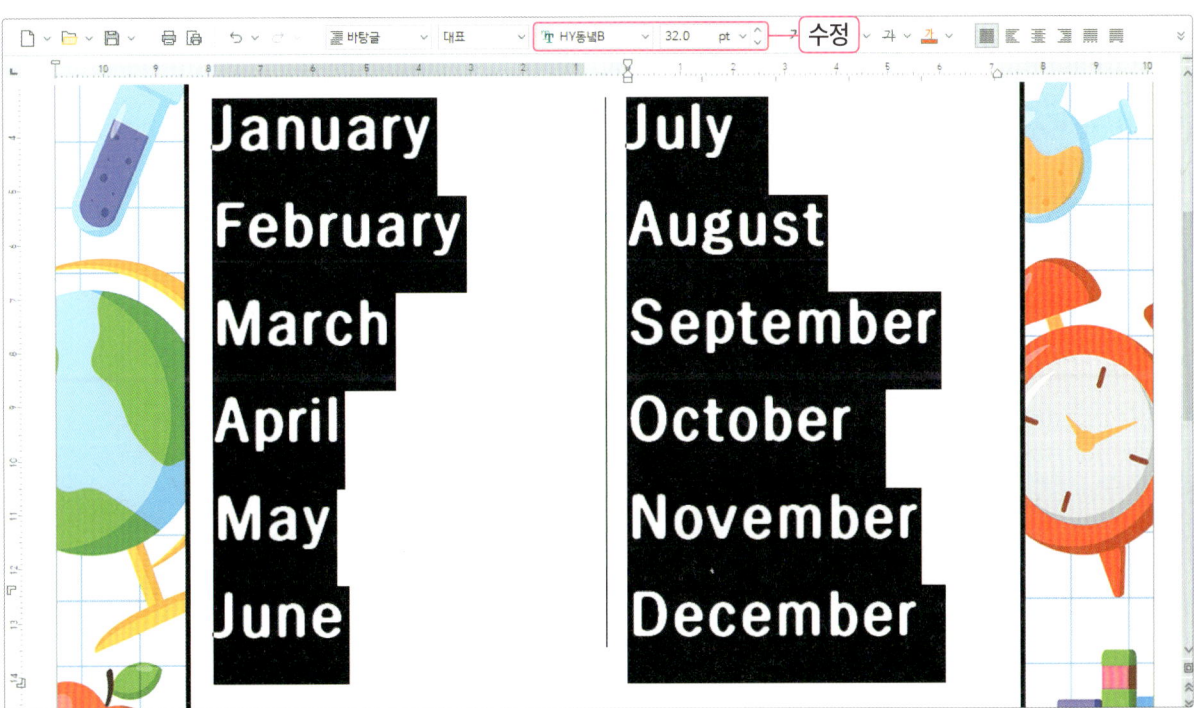

 **덧말과 각주를 입력해요.**

① 첫 번째 영어단어(January)를 블록으로 지정한 후 [입력]-[덧말 넣기] 메뉴를 클릭해요.

 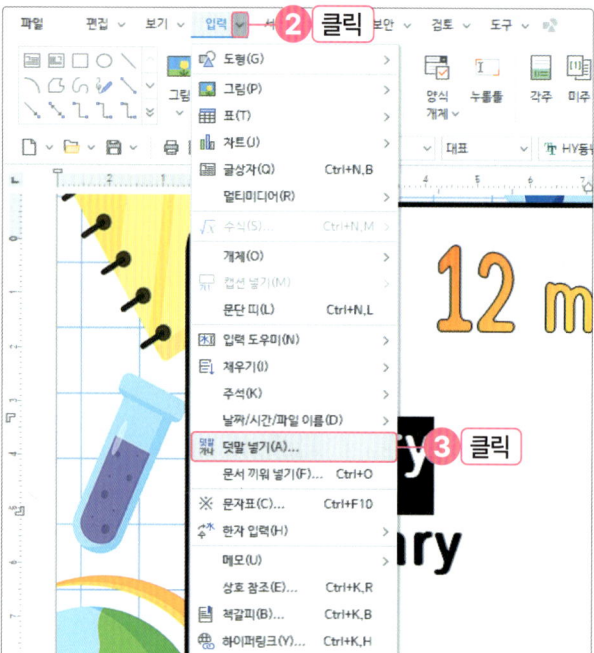

② [덧말 넣기] 대화상자가 나타나면 덧말 영역에 덧말을 입력하고 [넣기]를 클릭해요. 같은 방법으로 모든 단어에 그림처럼 덧말을 입력해요.

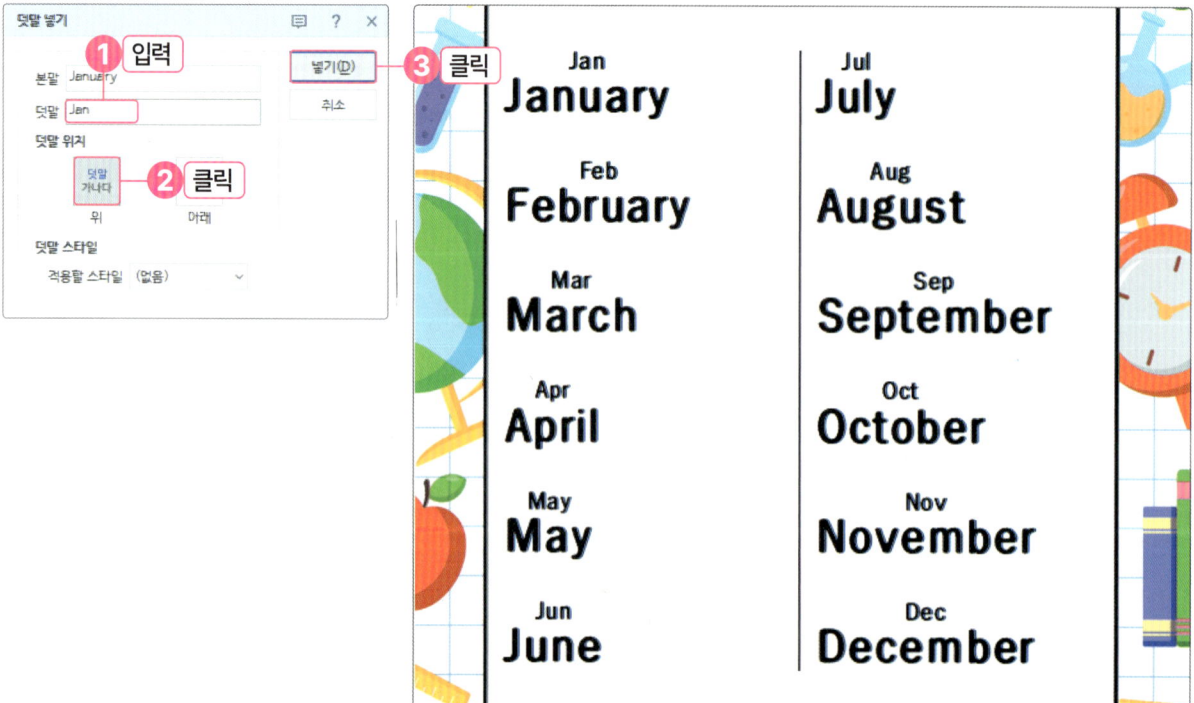

❸ 각주를 삽입할 위치에 마우스를 클릭한 후 [입력] 탭에서 [각주]를 클릭해요.

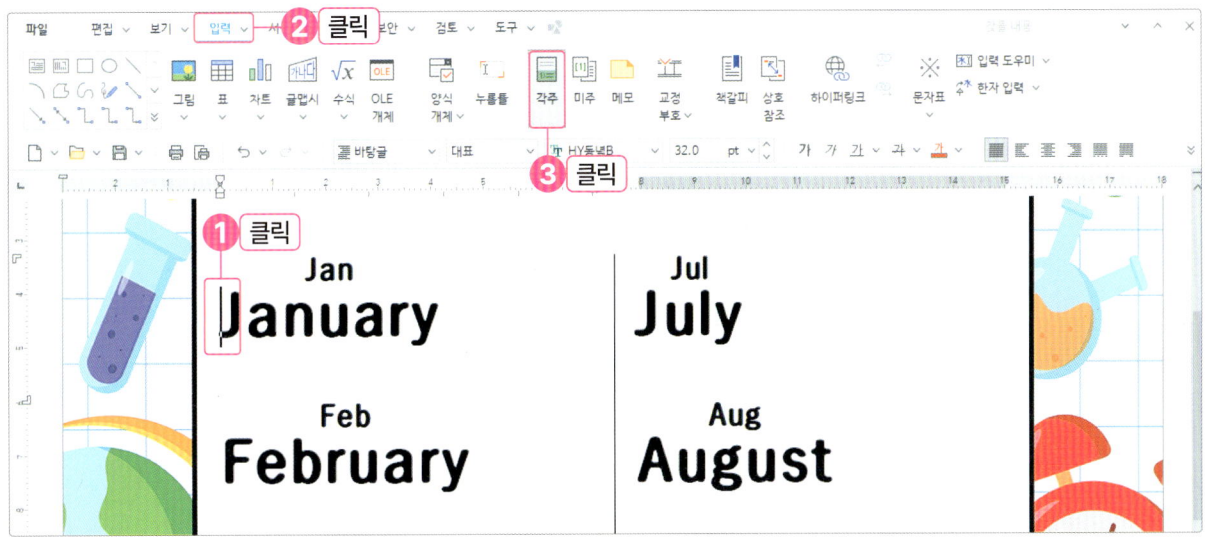

❹ 문서 하단 각주 번호가 표시되면 [주석] 탭의 [번호 모양]을 클릭한 후 원하는 번호 모양(①, ②, ③)을 선택한 다음 각주 내용(1월)을 입력해요.

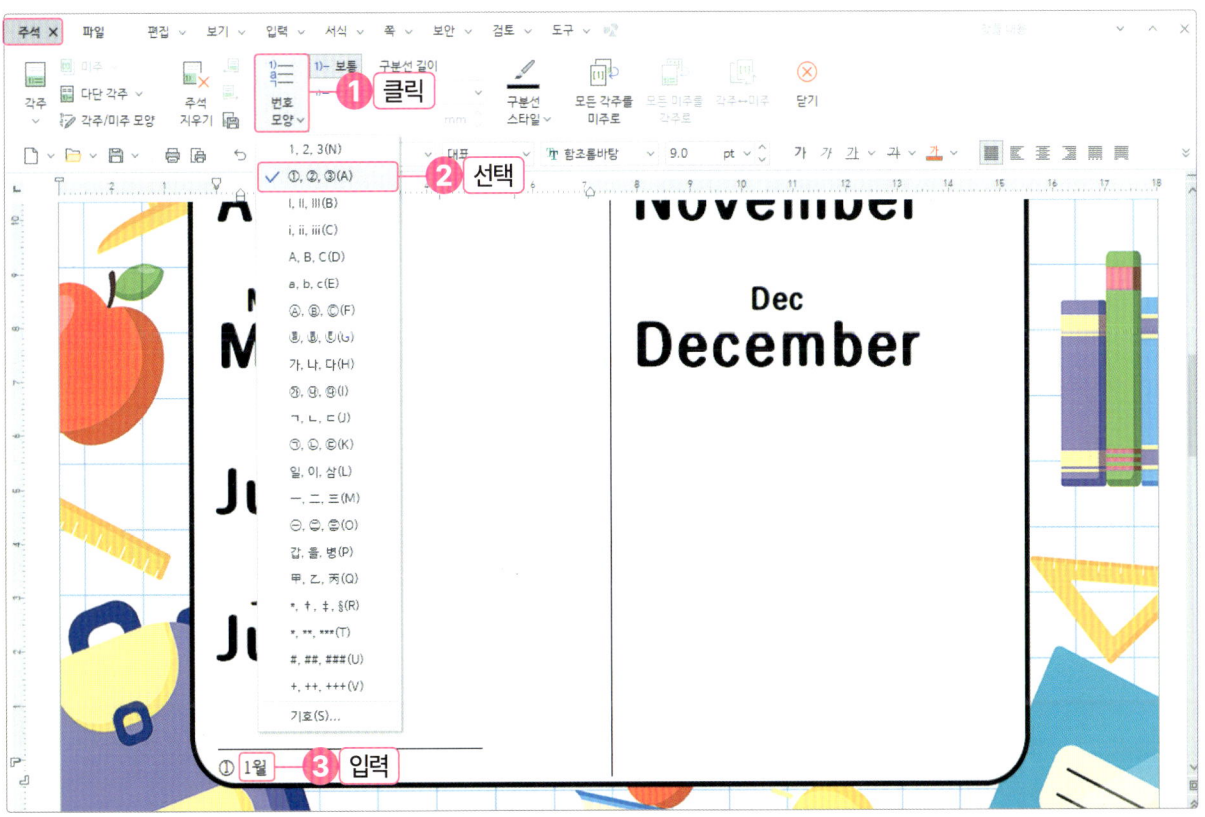

TIP
각주는 키보드의 Ctrl + N, N 을 눌러 빠르게 입력할 수 있어요.

❺ [입력] 탭-[각주]를 이용하여 내용을 입력해요.

12 months

① January — Jan
② February — Feb
③ March — Mar
④ April — Apr
⑤ May — May
⑥ June — Jun
⑦ July — Jul
⑧ August — Aug
⑨ September — Sep
⑩ October — Oct
⑪ November — Nov
⑫ December — Dec

① 1월
② 2월
③ 3월
④ 4월
⑤ 5월
⑥ 6월
⑦ 7월
⑧ 8월
⑨ 9월
⑩ 10월
⑪ 11월
⑫ 12월

알고 넘어가요!

각주와 미주의 차이점

- 각주는 본문에 필요한 설명이나 출처를 해당 페이지 아래에 적은 설명이에요.
- 미주는 본문 속 번호를 모아 문서의 맨 뒤에 정리해서 적어 놓은 설명이에요.
- 각주는 바로 확인이 가능하고, 미주는 한꺼번에 확인할 수 있다는 차이가 있어요.

CHAPTER 08 문서 천재로 가는 길!

톡톡 학습

01 다음 동물 이름을 맞춰 영어로 써보아요.

02 다음 중 덧말 넣기에 대한 설명이 틀린 것은?

① 덧말은 원래 문장에 더 많은 정보를 추가하여 문장을 풍성하게 만든다.

② 덧말은 문장의 기본 의미를 바꾸거나 없애는 역할을 한다.

③ 덧말을 넣으면 문장이 더 자세하고 구체적으로 설명된다.

④ 덧말은 주로 사람, 장소, 사물 등에 대해 더 많은 정보를 제공한다.

CHAPTER 09 뒤죽박죽 숨은 글자 대소동

학습 목표
- 표를 삽입하고 셀 배경색을 변경할 수 있어요.
- 글머리 기호를 삽입할 수 있어요.

미리 보기 — 이렇게 만들어 보아요

■ 불러올 파일 : 숨은 글자.hwpx   ■ 완성된 파일 : 숨은 글자_완성.hwpx

① 표 삽입 : [편집] 탭 → [표] 클릭 → [표 만들기]

② 표 셀 배경색 설정 : [표 디자인] 탭 → [표 채우기]에서 색상 선택

▶ 호기심 쳇 GPT

가로세로 낱말 퍼즐(Cross Word Puzzle)은 100년이 넘는 역사를 가진 퍼즐 게임이에요! 초창기에는 마름모 모양이었지만, 지금은 네모난 형태가 일반적이며 현재는 온라인, 모바일 앱 등으로 더욱 쉽게 즐길 수 있어요. 낱말 퍼즐을 풀다 보면 단어 하나를 맞췄을 뿐인데 연쇄 반응이 시작돼요. 단순한 놀이 같아도 알고 보면 두뇌를 단련하는 최고의 게임이에요!

 **표를 삽입하고 셀 배경색을 변경해요.**

① [숨은 글자.hwpx] 파일을 실행한 후 텍스트를 블록으로 지정한 다음 [편집] 탭-[표(▦)]를 클릭해요.
   ※ 표 만들기는 키보드의 Ctrl + N , T 를 눌러 빠르게 만들 수 있어요.

② 표 전체를 블록으로 지정한 후 키보드의 Ctrl +방향키를 눌러 셀의 크기를 변경한 다음 서식 도구 상자에서 가운데 정렬(≡)을 클릭해요.
   ※ Ctrl + ↓ 11번, Ctrl + ← 5번

❸ 표를 클릭한 후 [표 레이아웃(▦)] 탭의 [글자처럼 취급]을 클릭하여 체크 표시한 다음 표 끝에 커서를 클릭하고 서식 도구상자의 가운데 정렬(≡)을 클릭해요.

❹ 표의 셀 전체를 블록으로 지정한 후 [표 디자인(▰)] 탭에서 테두리 및 채우기를 수정해요.
※ 테두리 굵기(2mm), 테두리 색(검정), 테두리(바깥쪽 테두리(▢)), 표 채우기(하양 ▢))

알고 넘어가요!

표 안의 셀 블록 지정하기
- F5 한 번 누름 : 커서가 위치해 있는 곳의 셀을 블록으로 지정해요.
- F5 두 번 누름 : 키보드의 방향키를 이동하여 여러 셀을 블록으로 지정해요.
- F5 세 번 누름 : 셀 전체를 블록으로 지정해요.

❺ "우산" 단어를 찾아 블록으로 지정한 후 [표 디자인( )] 탭-[표 채우기]를 클릭한 다음 [노랑( )] 색을 클릭해요.

❻ 같은 방법으로 다음과 같이 정답 단어를 찾아 셀의 배경(노랑)색을 수정해요.

 **여백 및 글머리 기호를 삽입해요.**

① 퀴즈 문제가 있는 내용을 블록으로 지정한 후 키보드의 Alt + T 를 눌러요. [문단 모양] 대화상자의 [기본] 탭이 나타나면 왼쪽 여백(20pt)을 입력하고 [설정]을 클릭해요.

※ 블록 지정 후 [서식] 탭의 [문단 모양]을 클릭해도 [문단 모양] 대화상자를 표시할 수 있어요.

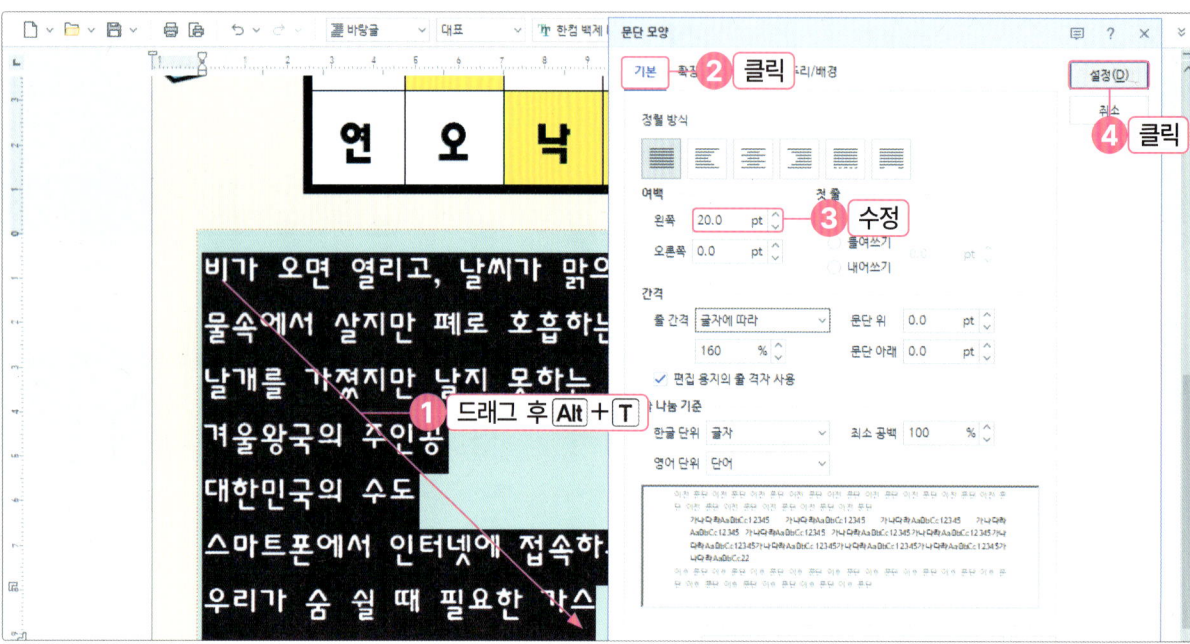

② 왼쪽 여백이 지정되면 [서식] 탭의 [문단 번호(☰)]를 클릭한 후 원하는 문단 번호를 클릭해요.

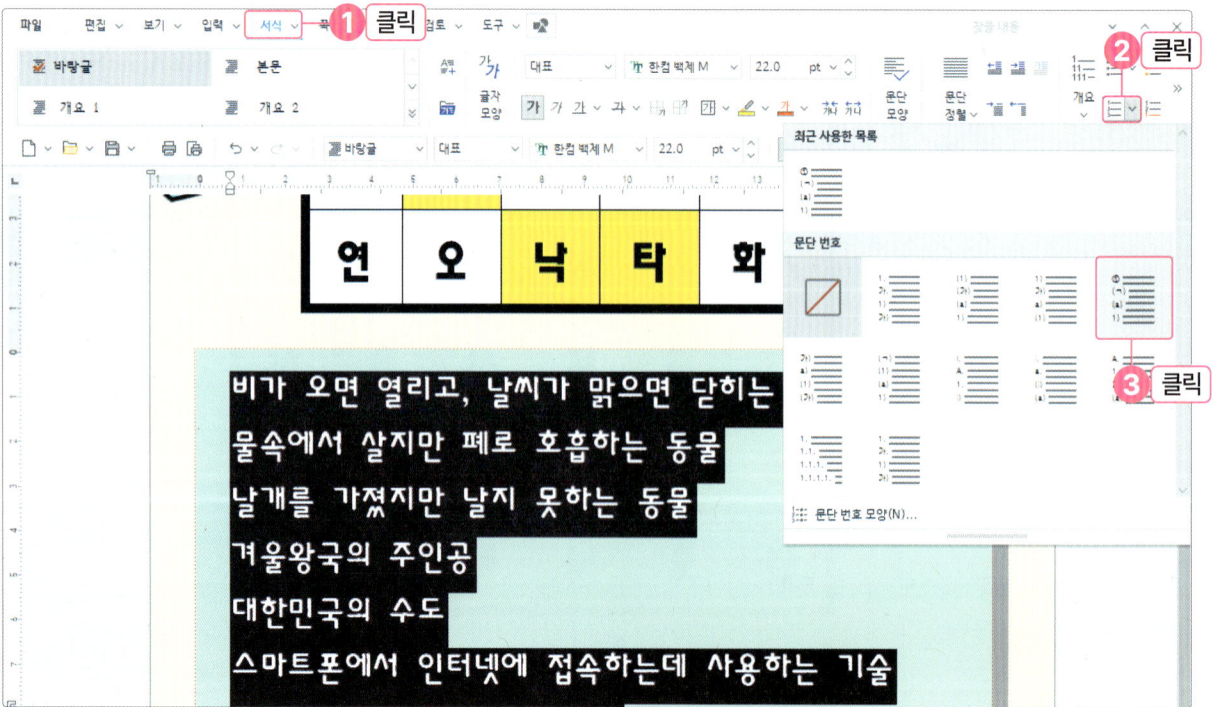

CHAPTER 09 문서 천재로 가는 길!

톡톡 학습

01 [큐브의 마법사] 두 개의 퍼즐이 합쳐진 모양을 상상해 보고, 그 결과를 맞혀 보아요.

📁 불러올 파일 : 큐브의 마법사.hwpx   📁 완성된 파일 : 큐브의 마법사_완성.hwpx

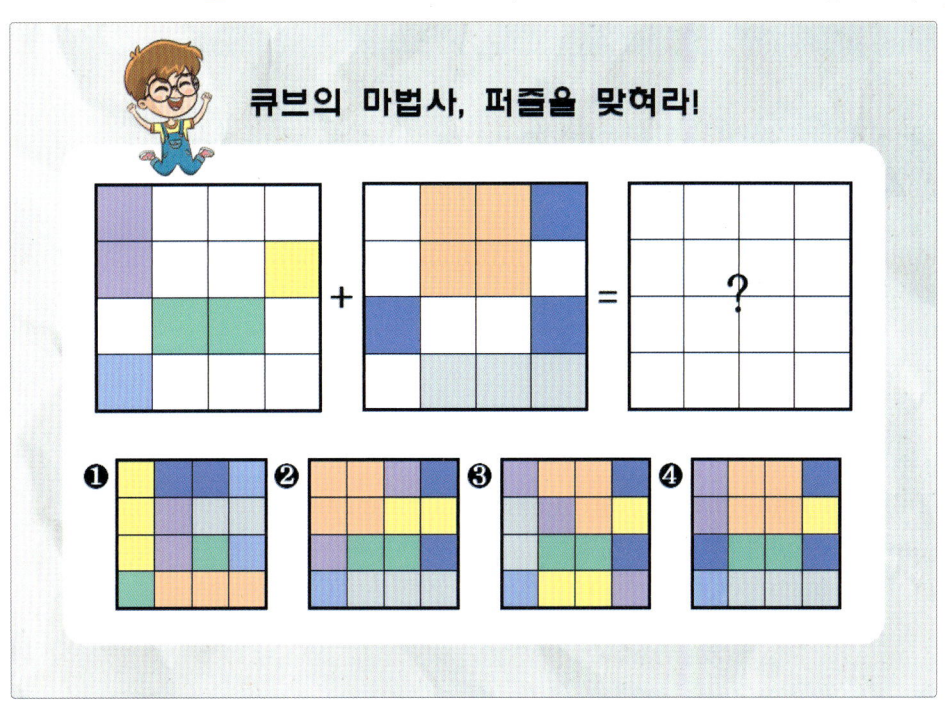

02 한글에서 사용하는 단축키의 종류와 기능을 올바르게 연결해 보아요.

① Ctrl + A   •   • 저장

② Ctrl + N, T   •   • 표 만들기

③ Ctrl + S   •   • 문자표

④ Ctrl + F10   •   • 모두 선택

CHAPTER 10

냉장고 랜덤박스 오늘의 요리 미션

학습 목표
- 세로 글상자를 삽입하고 그라데이션으로 채울 수 있어요.
- 새로운 쪽을 추가하고 그림을 삽입해요.

미리 보기 이렇게 만들어 보아요   🔵 불러올 파일 : 냉장고 랜덤박스.hwpx   🟢 완성된 파일 : 냉장고 랜덤박스_완성.hwpx

② 도형 그라데이션 채우기 : 도형 선택 → [개체 속성] → [채우기] → [그라데이션] 선택 후 색상 지정

① 세로 글상자 : [입력] 탭 → [세로 글상자] 선택 → 내용 입력

▶ 호기심 쳇 GPT

요리할 때 우리가 가장 먼저 해야 할 일은 무엇일까요? 바로 재료를 준비하는 것!
요리를 준비하는 과정은 마치 작은 전쟁과도 같아요. 냉장고를 열면 다양한 재료들이 줄을 서 있고, 그중에서도 오늘의 주인공이 결정되죠. 재료를 손질하는 시간은 단순한 준비 과정이 아닌 각각의 재료들이 제 역할을 하며 하나의 멋진 요리가 탄생하는 과정이에요.

1 글상자 삽입하고 그라데이션으로 채워요.

① [냉장고 랜덤박스.hwpx] 파일을 실행한 후 [입력] 탭-[세로 글상자(▥)]를 클릭한 다음 문서 왼쪽에 그림과 같이 드래그해요. 이어서 내용을 입력하고 서식을 수정해요.

※ 글꼴 서식 : 글꼴(한컴 바겐세일 B), 글자 크기(50pt), 가운데 정렬(▤)

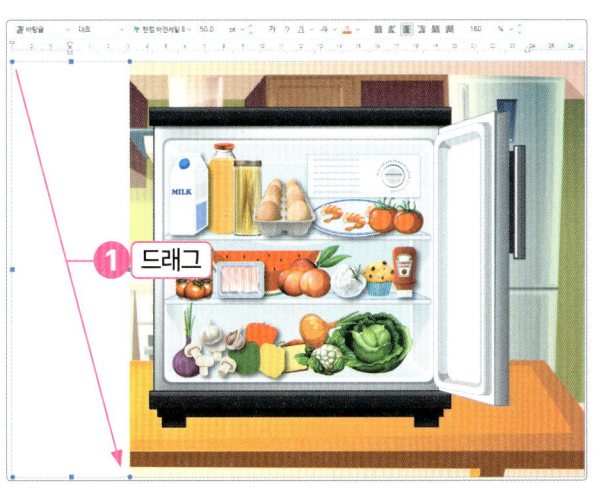

② 글상자의 테두리를 더블클릭한 후 [개체 속성]을 수정해요.

※ [기본] 탭 : [크기] 너비(61mm), 높이(210mm)
　[선] 탭 : [선] 종류(선 없음)
　[채우기] 탭 : [그라데이션] 시작 색(하양), 끝 색(주황색 40% 밝게)

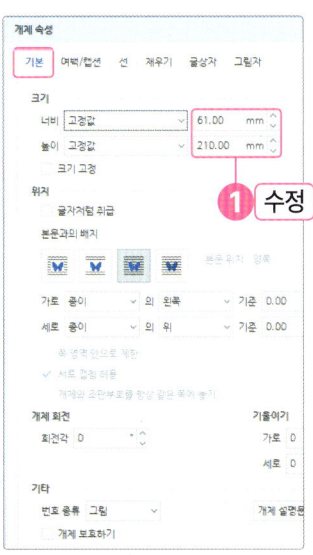
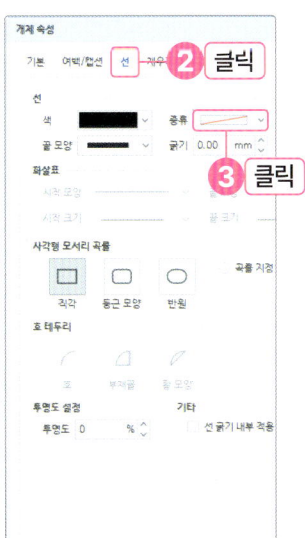

2 새로운 쪽을 추가하고 그림을 삽입해요.

① 냉장고 위 빈 공간을 클릭한 후 [쪽] 탭의 [쪽 나누기(┠)]를 클릭해요.
   ※ 쪽의 마지막 줄에 커서를 놓고 Ctrl + Enter 를 누르면 새로운 쪽이 추가돼요.

② 두 번째 페이지가 추가되면 [입력] 탭-[그림(🌼)]을 클릭해요. [10차시]-[불러올 파일]-[이미지] 폴더의 [메모지] 그림을 선택한 다음 [마우스로 크기 지정]을 체크하고 [열기]를 클릭해요.

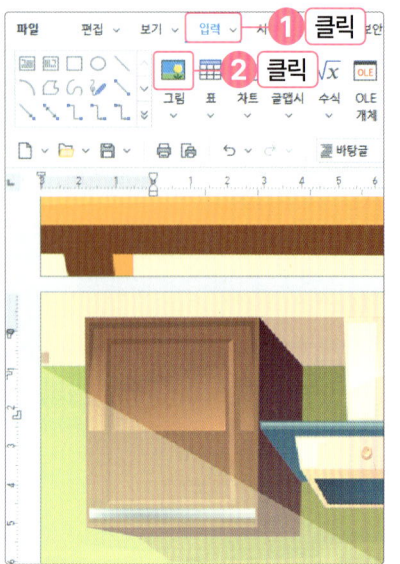

③ 마우스를 드래그하여 메모지를 삽입한 후 [그림(🌼)] 탭에서 너비(110mm)와 높이(120mm), 본문과의 배치(글 앞으로(▦))를 수정한 다음 Ctrl + Shift 를 누른 상태에서 드래그하여 메모지를 복사해요.

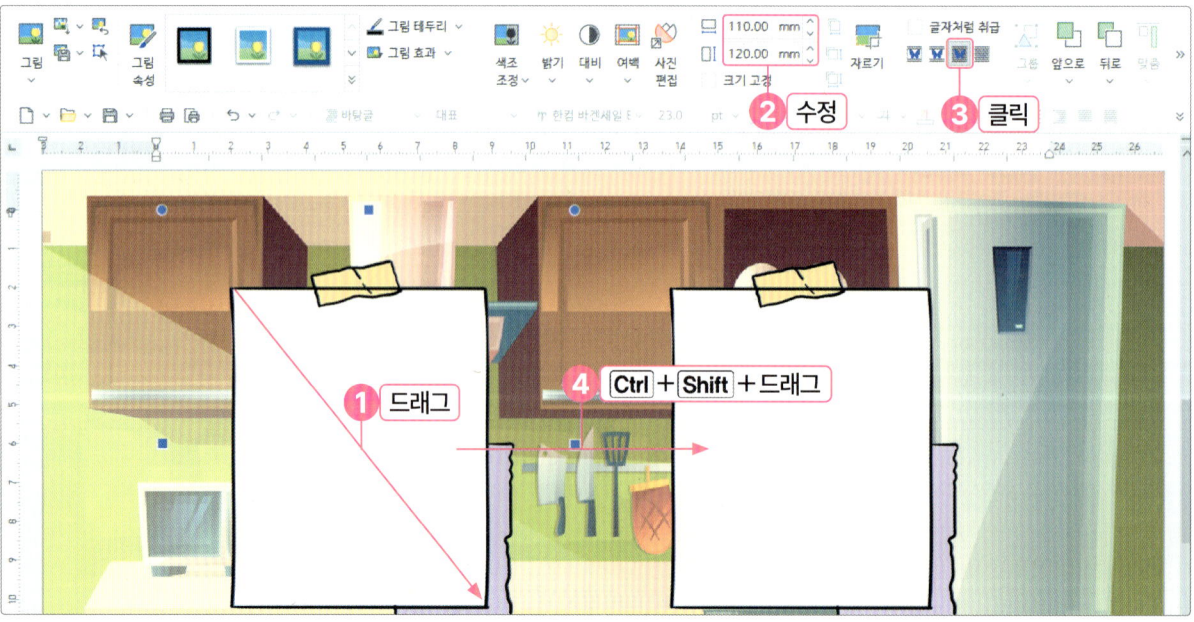

④ [입력] 탭-[가로 글상자(　)]를 클릭한 후 메모지 크기에 맞춰 드래그해요. 이어서 글상자 안에 내용을 입력한 다음 글꼴(한컴 바겐세일 B), 글자 크기(23pt), 가운데 정렬(　)을 수정해요.

※ 특수 기호는 키보드의 Ctrl + F10 을 눌러 입력해요.

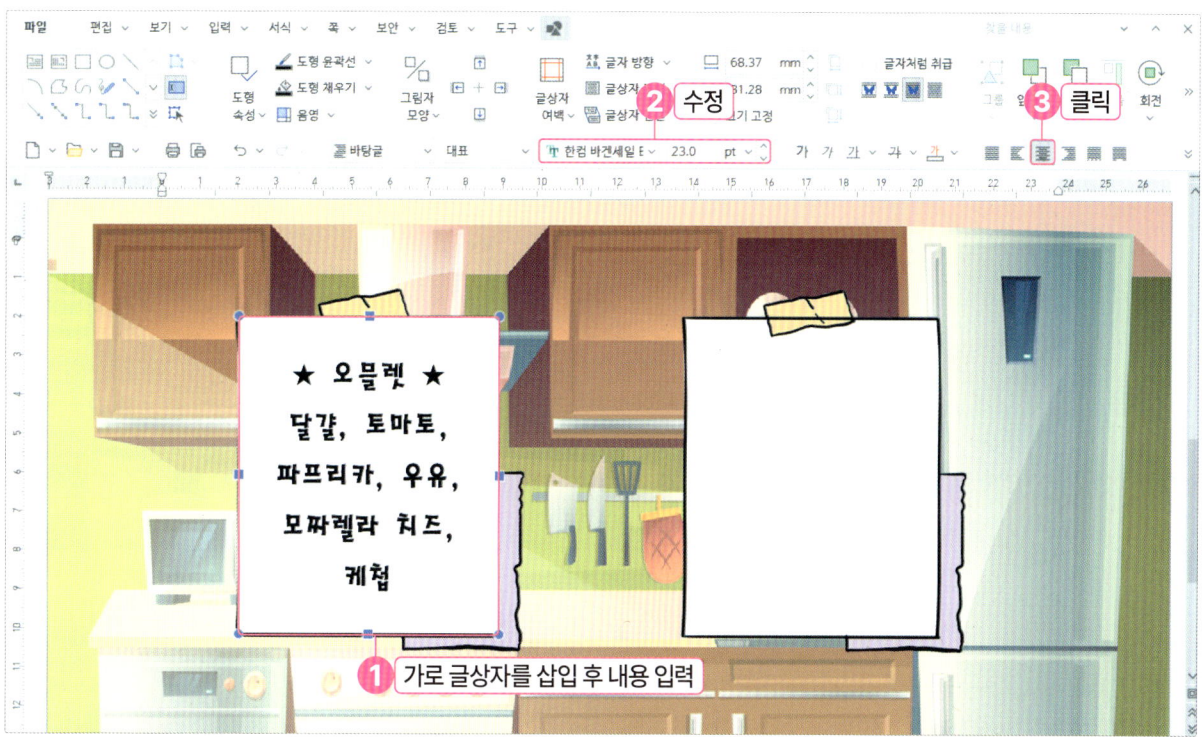

⑤ 글상자를 클릭한 후 [도형(　)] 탭에서 도형 윤곽선(없음) 및 도형 채우기(없음)를 클릭해요. 이어서 키보드의 Ctrl + Shift 를 누른 상태에서 드래그 한 다음 복사한 글상자의 내용을 수정해요.

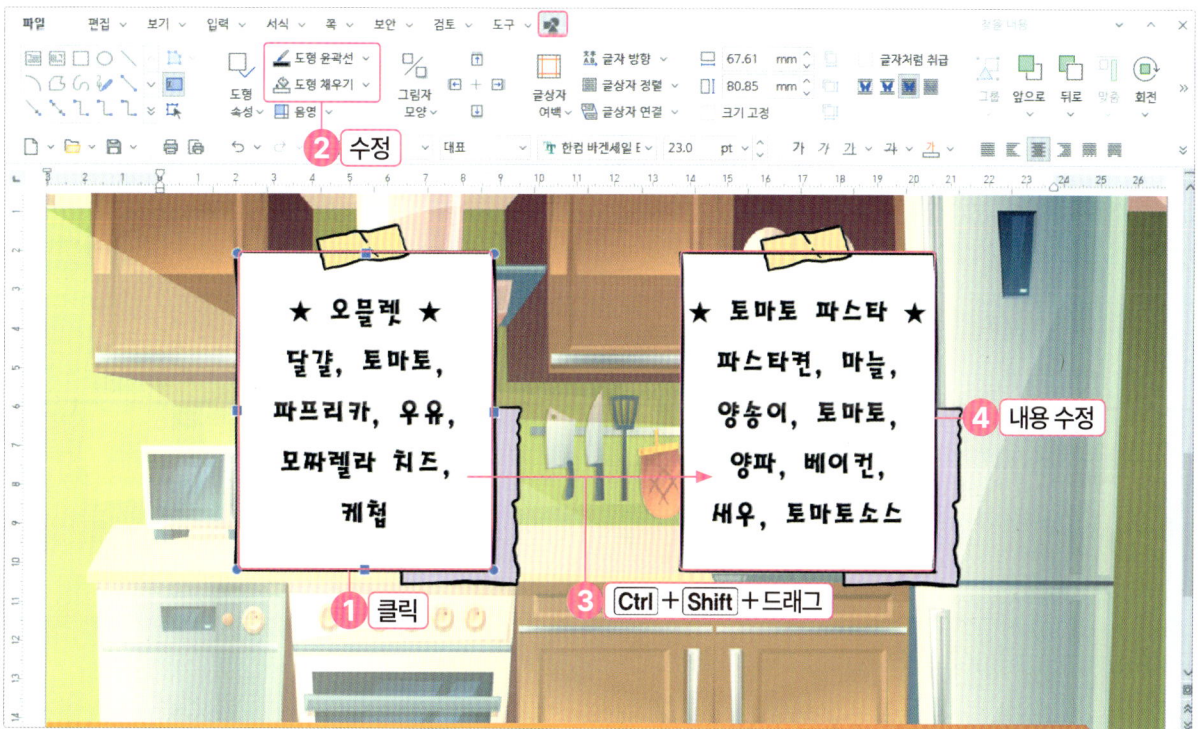

❻ [입력] 탭-[그림(📷)]을 클릭한 후 [접시-1], [접시-2] 그림을 삽입한 다음 너비(123mm)와 높이(50mm), 본문과의 배치(글 앞으로(📄))를 수정해요.

❼ 1페이지의 냉장고 속 [파프리카] 그림을 2페이지의 [접시-1] 그림 위로 복사한 후 크기와 위치를 자유롭게 수정해요. 이어서 다른 재료도 복사해요.
 ※ 복사는 Ctrl + C, 붙여넣기는 Ctrl + V를 눌러 빠르게 복사 및 붙여넣기를 할 수 있어요.

> **TIP** 그림의 순서는 [그림(📷)] 탭에서 [앞으로]-[맨 앞으로], [뒤로]-[맨 뒤로]를 눌러 변경해요.

CHAPTER 10 문서 천재로 가는 길!

톡톡 학습

01 [4인 브런치.hwpx] 파일을 실행한 후 먹고 싶은 음식을 추가한 다음 [입력] 탭-[자유선]을 삽입하고 선 굵기와 선 색을 변경해 보아요.

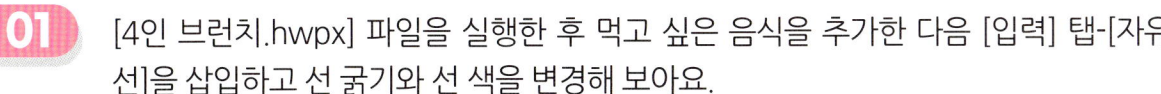
📁 불러올 파일 : 4인 브런치.hwpx   📁 완성된 파일 : 4인 브런치_완성.hwpx

02 문서에 그림을 삽입하는 순서를 바르게 나열해 보아요.

① 그림 파일 선택

② 입력 탭 클릭

③ 그림 아이콘 클릭

④ 그림이 문서에 삽입됨

정답 :

CHAPTER 11

단어가 쏙! 그림이 쏙! 창의력 일기

학습 목표
- 용지의 여백을 설정할 수 있어요.
- 그림을 자르고 그림 효과를 지정할 수 있어요.

미리 보기 이렇게 만들어 보아요

📘 불러올 파일 : 그림일기.hwpx   📗 완성된 파일 : 그림일기_완성.hwpx

② **그림 효과 설정** : 그림 선택 → [그림] 탭 → [그림 효과]에서 그림자·반사·3D 효과 적용

① **용지 여백 설정** : [쪽] 탭 → [편집 용지] 클릭 → 위, 아래, 왼쪽, 오른쪽 여백 값 변경 → [확인]

▶ 호기심 쳇 GPT

일기는 하루를 담는 작은 보물 상자예요!
오늘 있었던 재미있는 일, 기분 좋았던 순간, 혹은 살짝 속상했던 일까지 일기를 쓰면 하루의 특별한 기억을 보관할 수 있어요. 또한, 일기를 쓰면 생각이 정리되고 글쓰기 실력도 쑥쑥 자라나요. 작은 일이라도 꾸준히 기록하다 보면, 나만의 멋진 이야기책이 완성될 거예요.

1 용지의 여백을 설정해요.

① [그림일기.hwpx] 파일을 실행한 후 [보기] 탭-[문단 부호]를 클릭하여 체크한 다음 키보드의 F7을 눌러요. [편집 용지] 대화 상자에서 용지 여백(위/아래 15mm, 왼쪽/오른쪽 20mm, 머리말/꼬리말 0mm)을 설정해요.

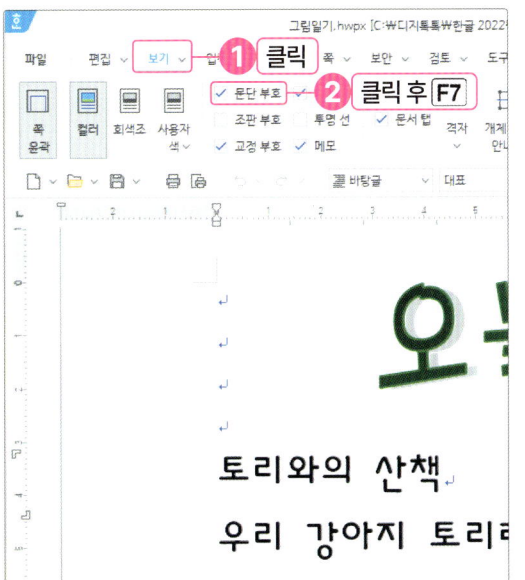

> **TIP**
> **여백 설정 변경하기**
> 키보드의 Tab 을 누르면 다음 항목으로 커서가 이동, 마우스를 사용하지 않고도 편하게 여백을 설정할 수 있어요.

② [쪽] 탭의 [쪽 테두리/배경(▣)]을 클릭한 후 [쪽 테두리/배경]-[배경] 탭에서 [그림]을 클릭하여 체크한 다음 [공원배경] 그림을 선택하고 [설정]을 클릭해요.

CHAPTER 11 단어가 쏙! 그림이 쏙! 창의력 일기 • **67**

2 그림을 자르고 그림 효과를 지정해요.

① 그림을 삽입할 위치를 클릭한 후 [입력]-[그림(🌷)]을 클릭해요. [그림 넣기] 대화상자가 나타나면 [11차시]-[불러올 파일]-[이미지] 폴더에서 그림(행복)을 선택한 다음 [글자처럼 취급]을 클릭하고 [열기]를 클릭해요.

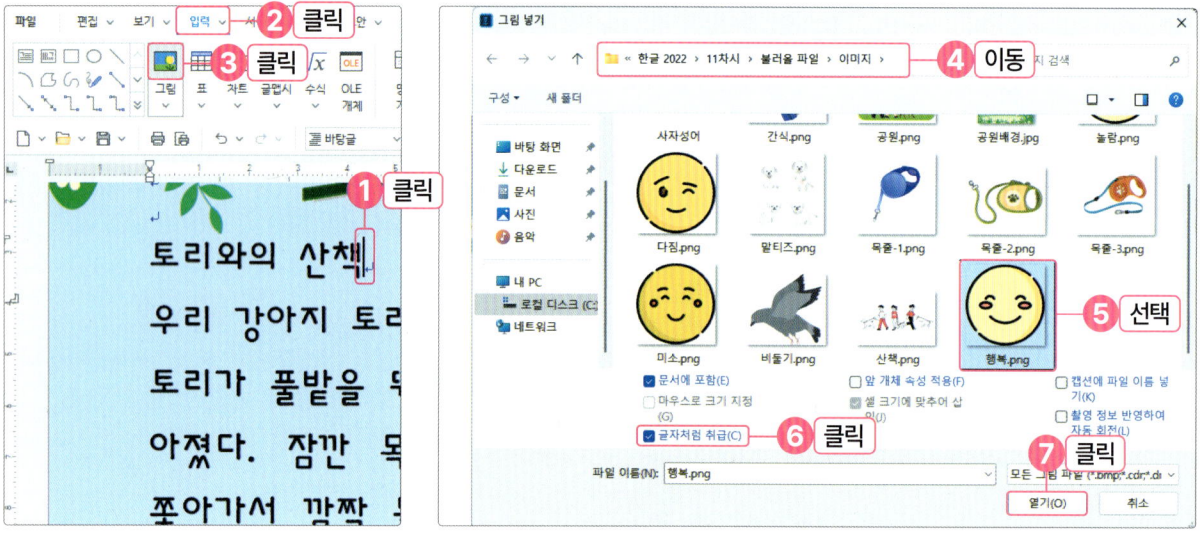

② 삽입한 그림(행복)을 클릭한 후 [그림(🌷)] 탭에서 너비(13mm)와 높이(13mm)를 수정해요.

③ 같은 방법으로 [말티즈] 그림을 삽입한 후 너비(50mm)와 높이(50mm)를 수정해요.

④ [그림(🌷)] 탭의 [자르기]를 클릭한 후 왼쪽 위에 표시된 강아지 그림만 남기고 모두 자르기해요.

> **TIP**
> **Shift를 이용하여 자르기**
> 삽입된 그림을 클릭한 후 Shift를 누른 상태에서 조절점을 드래그하여 자르기 할 수 있어요.

⑤ 자르기 한 강아지 그림을 클릭한 후 [그림] 탭-[그림 효과(🖼)]-[그림자]-[바깥쪽-대각선 오른쪽 아래]를 선택한 다음 너비와 높이를 15mm로 수정하고 "토리" 글자 옆으로 그림을 이동해요.

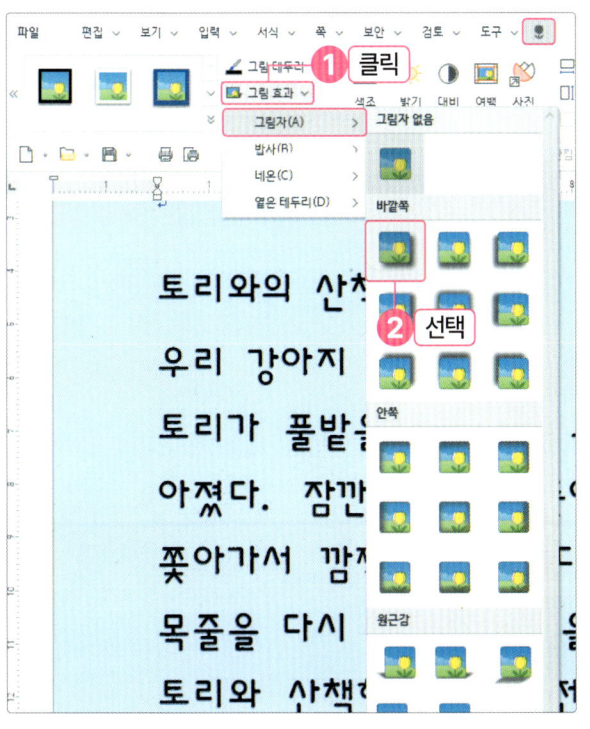
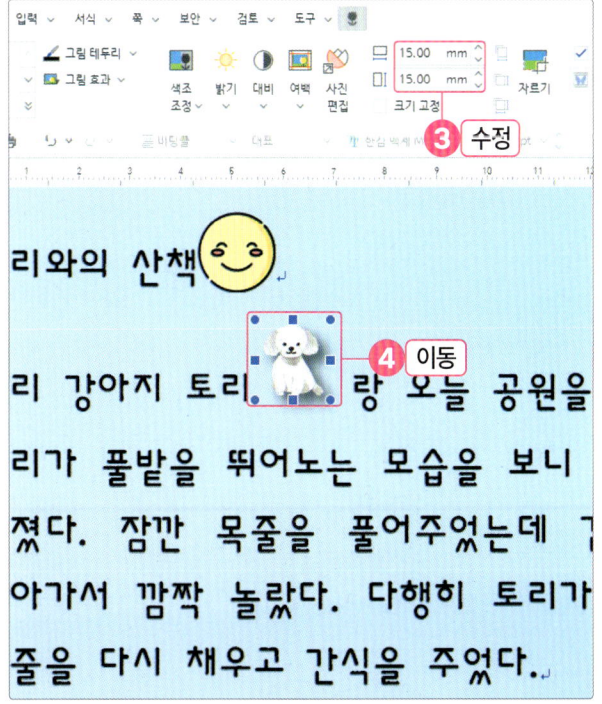

CHAPTER **11** 단어가 쏙! 그림이 쏙! 창의력 일기 • **69**

❻ 같은 방법으로 내용에 맞게 그림을 삽입한 후 크기와 그림자 효과 설정해요.

오늘의 일기

토리와의 산책 🙂

우리 강아지 토리 🐶 랑 오늘 공원 🏞 을 다녀왔다.

토리 🐶 가 풀밭을 뛰어노는 모습을 보니 나도 기분이 좋아 🙂 졌다. 잠깐 목줄 🎗 을 풀어주었는데 갑자기 비둘기 🕊 를 쫓아가서 깜짝 😮 놀랐다. 다행히 토리 🐶 가 금방 돌아와서 목줄 🎗 을 다시 채우고 간식 🍪 을 주었다.

토리 🐶 와 산책할 때는 안전하게 목줄 🎗 을 꼭 해야겠다고 다짐 🙂 했다.

CHAPTER 11 문서 천재로 가는 길!

톡톡 학습

01 그림을 삽입한 후, 그림의 크기를 비율 유지하면서 조정하는 방법은?

① Shift 키를 누른 상태에서 드래그
② Alt 키를 누른 상태에서 드래그
③ Ctrl + Shift 키를 동시에 누른 상태에서 드래그
④ 마우스 오른쪽을 클릭 후 [자동 크기 조정] 선택

02 물음표 뒤에 감춰진 신비로운 그림의 비밀! 숨겨진 그림 조각을 맞혀 이미지를 완성해 보아요.

CHAPTER 12
똑딱똑딱! 나의 완벽한 하루

학습 목표
- 선 도형으로 영역을 나눌 수 있어요.
- 글자에 음영과 강조점을 설정하고 꾸밀 수 있어요.

미리 보기 — 이렇게 만들어 보아요

📁 불러올 파일 : 계획표.hwpx   📁 완성된 파일 : 계획표_완성.hwpx

① **선 도형** : [입력] 탭 → [도형] → [선] 선택 → 드래그로 그리기

일일 계획표를 만들면 뭐가 좋을까요?
- ☑ 일일 계획표를 만들면 해야 할 일을 깜빡하지 않아요!
- ☑ 놀 시간과 공부 시간을 잘 나눌 수 있어요!
- ☑ 시간을 효율적으로 사용할 수 있어요!
- ☑ 규칙적인 생활 습관과 성취감이 생겨요!

② **글자 음영색과 강조점 설정** : 글자 선택 → Alt + L → [글자 모양] → 음영색과 강조점 지정

▶ 호기심 챗 GPT

어느 날 토끼와 거북이가 부엉이 선생님을 찾아갔어요.
토끼 : "선생님! 저는 하루가 신나요! 숙제도 끝내고, 책도 읽고, 친구랑 게임도 해요!"
거북이 : "저는 항상 시간이 부족해요. 숙제도 못 끝내고, 놀지도 못해요."
부엉이 선생님 : "그건 바로 일일 계획표 때문이란다!"

 ## 직선 도형을 삽입하고 꾸미기 해요.

❶ [계획표.hwpx] 파일을 실행한 후 [입력] 탭-[글맵시(가나다)]를 클릭해요. [글맵시 만들기] 대화상자가 나타나면 "일일 계획표"를 입력한 다음 글맵시 모양(직사각형)과 글꼴(한컴 바겐세일 B)을 수정해요.

❷ 입력한 글맵시를 클릭한 후 [글맵시( )] 탭에서 글맵시 모양을 수정한 다음 구름 안으로 이동해요.

※ 글맵시 채우기(주황), 너비(120mm), 높이(25mm), 글 앞으로( ), 그림자 모양을 그림자 방향(/ / /) 버튼을 이용하여 원하는 그림자 모양으로 수정하기

③ [입력] 탭-[직선] 도형을 클릭한 후 가운데 중심점에서 원하는 시간까지 드래그해요. 같은 방법으로 직선으로 시간표 영역을 만들어요.

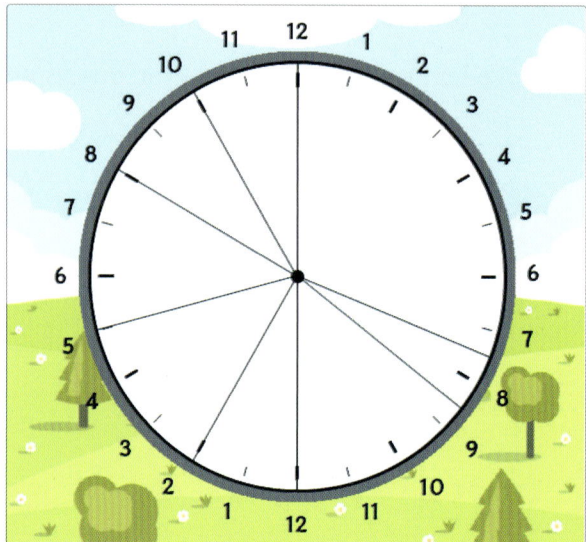

알고 넘어가요!

직선 도형 그리기

선 도형을 드래그할 때 키보드의 Shift 를 누를 상태에서 드래그하면 수평(0°), 수직(90°), 대각선(45°) 각도로 정확하게 직선을 그릴 수 있어요.

④ [입력] 탭-[그림]-[꿈나라] 그림을 선택한 후 [마우스로 크기 지정]을 클릭한 다음 [열기]를 클릭해요. 이어서 마우스로 드래그하여 그림을 넣고 그림 서식을 지정해요.

※ [그림(🌷)] 탭-[글 앞으로(📄)], [그림 효과]-[오른쪽 아래(🖼)]

 ## 글자에 음영과 강조점을 설정해요.

① [입력] 탭-[가로 글상자(▦)]를 삽입한 후 "꿈나라"를 입력한 다음 글꼴(한컴 바겐세일 B), 글자 크기(26pt), 가운데 정렬(▤)을 수정해요. 이어서 글상자를 클릭하고 [도형(🖌)] 탭-[도형 윤곽선]-[없음]을 클릭해요.

② "꿈나라" 글자를 블록으로 지정한 후 키보드의 Alt + L 을 눌러 [글자 모양] 대화 상자의 [기본] 탭에서 음영 색(노랑 80% 밝게)을 선택하고 [설정]을 클릭해요.

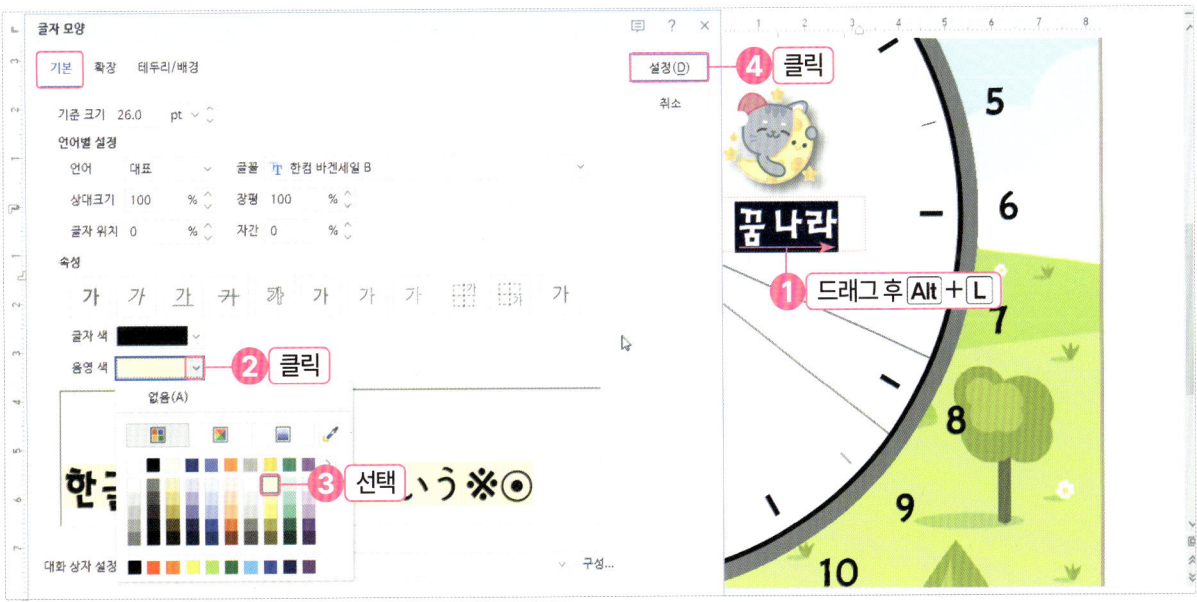

❸ 같은 방법으로 글상자를 이용하여 일정을 입력한 다음 서식을 변경해요.

> **TIP**
> 글자 모양 단축키: Alt + L
> 문단 모양 단축키: Alt + T

❹ "배움" 글자를 블록으로 지정한 후 키보드의 Alt + L 을 눌러 [글자 모양] 대화 상자의 [확장] 탭에서 [강조점(⸱)]을 선택한 다음 [설정]을 클릭해요. 같은 방법으로 "다짐" 단어에 강조점을 넣어요.

CHAPTER 12 문서 천재로 가는 길!

톡톡 학습

01 [시간표.hwpx] 파일을 실행한 후 제목(글맵시)과 요일별 과목을 입력한 다음 서식을 수정하여 시간표를 완성해 보아요.

- [글맵시] 모양 : 직사각형, HY동녘 B, 너비 : 120.00mm, 높이 : 13.00mm, 색-검정
- [과목] 글꼴 : 한컴 백제 B, 글자 크기 : 20pt, 음영색(임의) 설정

📁 불러올 파일 : 시간표.hwpx   📁 완성된 파일 : 시간표_완성.hwpx

02 한글 2022에서 글자 모양을 변경하는 기능과 설명이 바르지 않은 것은 무엇일까요?

① 음영색 - 글자 뒤에 그림자를 넣어서 입체감이 생기게 해요.

② 외곽선 - 글자 주변에 테두리를 추가해서 글자가 더 뚜렷해져요.

③ 강조점 - 글자의 위나 아래에 작은 점이나 기호를 넣어 강조할 수 있어요.

④ 기준 크기 - 글자의 크기를 변경해요

CHAPTER 13 척척박사~ 수학 마법사 도전!

학습 목표
- 텍스트 문서를 불러와 편집할 수 있어요.
- 수식 편집기로 어려운 수식을 입력할 수 있어요.
- 스타일 기능으로 빠르게 서식을 변경할 수 있어요.

미리 보기 이렇게 만들어 보아요

- 불러올 파일 : 수식 마법사.hwpx
- 완성된 파일 : 수식 마법사_완성.hwpx

② 수식 편집기 : [입력] 탭 → [수식] 클릭 → 수식 입력

① 문서 끼워 넣기 : [입력] 탭 → [문서 끼워 넣기] 클릭

③ 스타일 기능 : [서식] 탭 → [스타일] 클릭 → 스타일 선택 또는 새로 만들기 → 글꼴, 크기, 색 등 설정 → [설정] 클릭

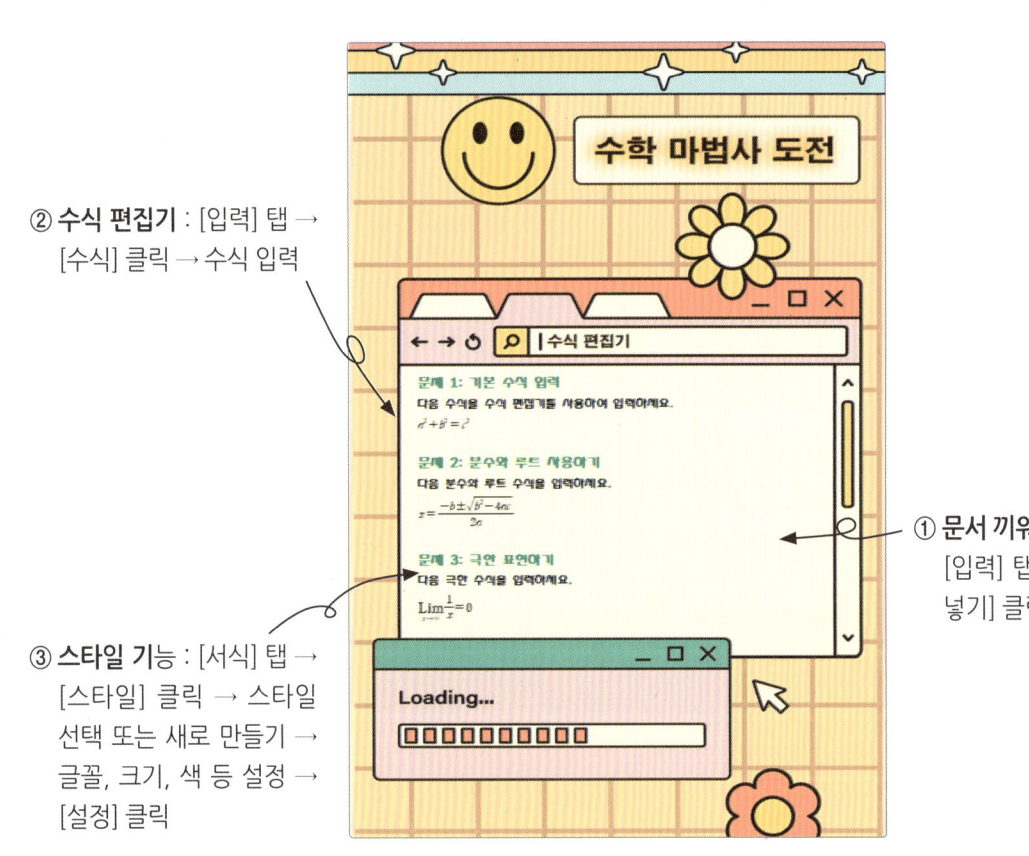

▶ 호기심 쳇 GPT

아이작 뉴턴의 중력 이야기
옛날에 수학자 아이작 뉴턴은 사과나무에서 사과를 따지 말라는 경고를 봤어요. 궁금한 마음에 사과를 따 먹고, 하늘에서 떨어지는 사과를 보고 '중력'을 생각했어요. 중력은 땅이 모든 것을 끌어당기는 힘이에요. 그래서 사과가 떨어지고, 우리가 땅에 서 있을 수 있는 이유도 중력 덕분이에요. 뉴턴은 이 중력 덕분에 물체가 어떻게 움직이는지 설명할 수 있게 되었어요!

 ## 문서 끼워넣기를 해요.

❶ [수식 마법사.hwpx] 파일을 실행한 후 [보기] 탭의 [문단 부호]를 체크한 후 문서를 끼워넣을 위치로 커서를 이동한 다음 키보드의 Ctrl + O 를 눌러요.

※ 문서 끼워 넣기 : [입력] 탭-[문서 끼워 넣기]를 클릭해도 실행할 수 있어요.

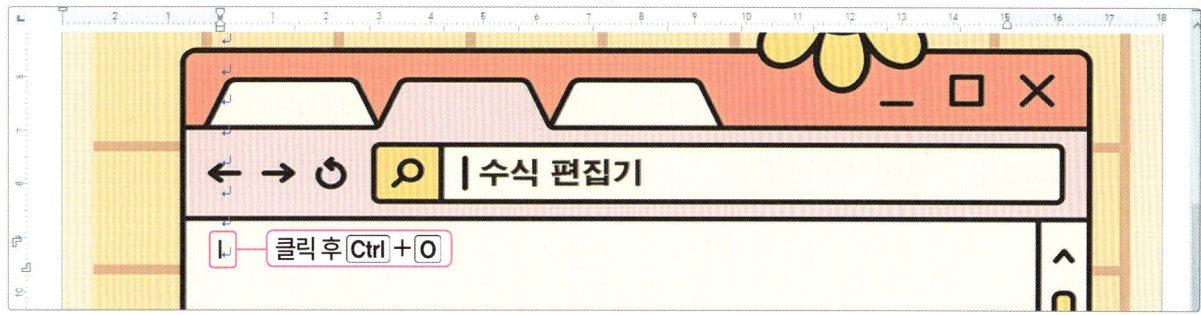

❷ [문서 끼워 넣기] 창이 나타나면 문서의 확장자를 [텍스트 문서]로 클릭한 후 수식 문제.txt 파일을 선택한 다음 [넣기]를 클릭해요.

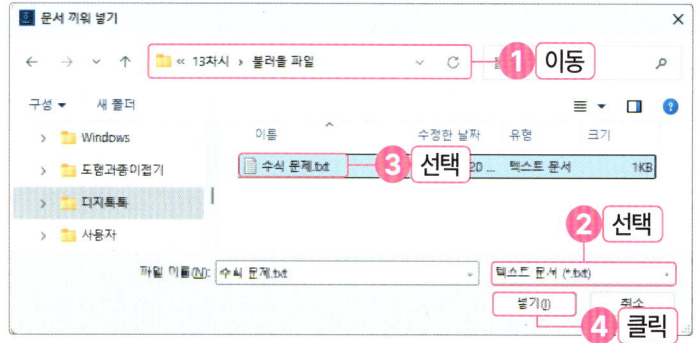

❸ 수식 내용이 끼워넣기 되면 블록으로 지정한 후 글꼴(HY동녘M), 글자 크기(12pt)를 수정해요.

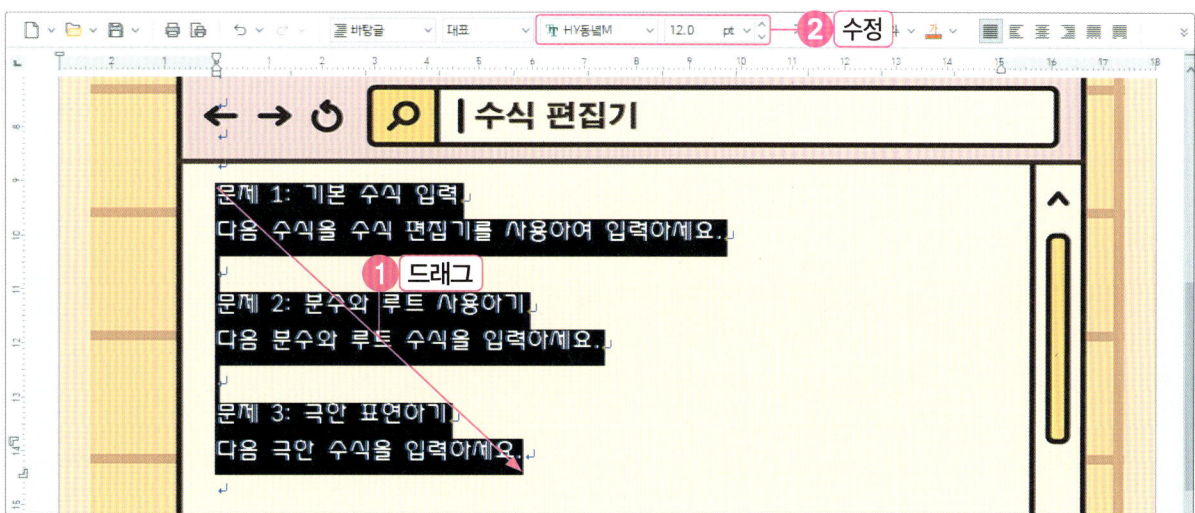

2. 스타일 기능으로 빠르게 서식을 변경해요.

① 스타일을 추가하기 위해 [서식]-[스타일 추가하기()]를 클릭한 후 [스타일 추가하기] 대화상자에서 스타일 이름(수식 문제)을 입력하고 [글자 모양]을 클릭해요.
[글자 모양] 대화상자의 [기본] 탭에서 기준 크기(14pt), 글꼴(HY동녘M), 속성(진하게), 글자색(초록)을 수정한 후 [설정]을 클릭하고 [스타일 추가하기] 대화상자의 [추가]를 클릭해요.

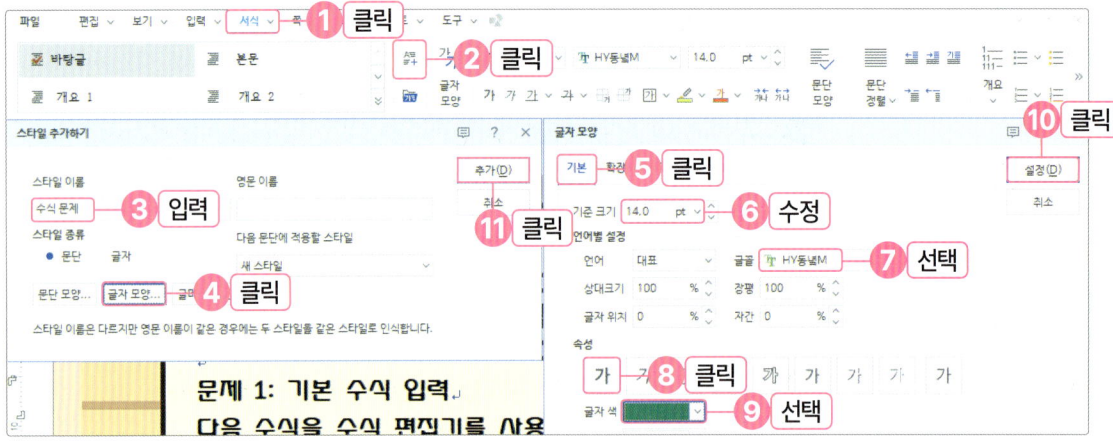

② 스타일을 적용할 글자를 블록으로 지정한 후 [서식] 탭에서 추가된 스타일 이름(수식 문제)을 클릭해요. 같은 방법으로 문제의 스타일을 수정해요.

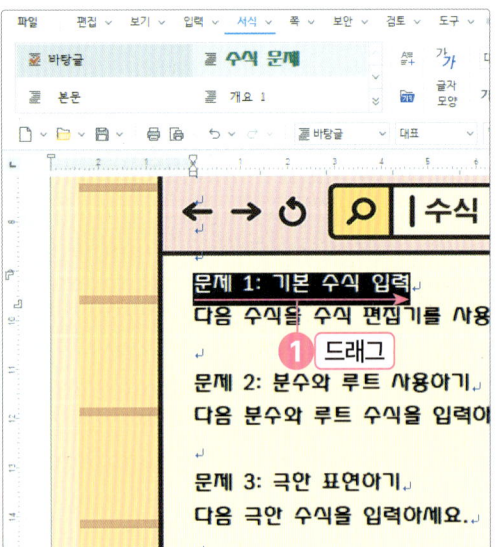
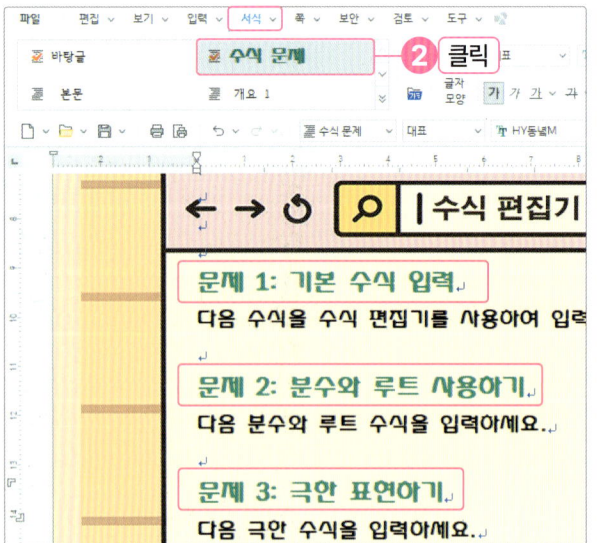

TIP
스타일 사용하기
- 키보드의 F6 을 눌러 [스타일] 대화상자에서 스타일 추가 및 편집, 삭제를 할 수 있어요.
- 스타일 기능은 글자 모양과 문단 모양, 글머리 기호를 함께 설정할 수 있어요.
- 한 번 스타일을 적용하면 같은 스타일이 쓰인 모든 곳이 자동으로 변경돼요.

3 수식 편집기로 복잡한 수식을 쉽게 입력해요.

① 수식을 입력할 위치의 줄을 삽입하고 [입력] 탭에서 [수식($\sqrt{x}$)] 아이콘을 클릭해요.

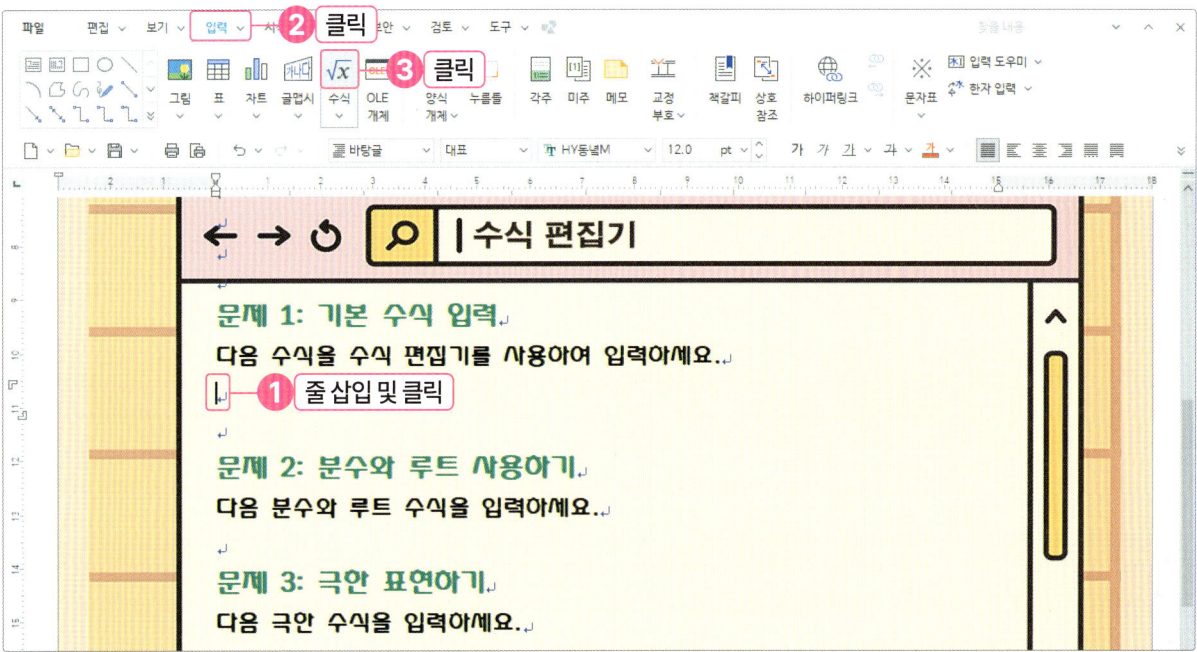

② [수식 편집기] 대화상자가 나타나면 글자 크기(12pt)를 수정한 후 "a"를 입력하고 [첨자( )]-[윗첨자(A^1)]를 클릭한 다음 "2"를 입력해요.

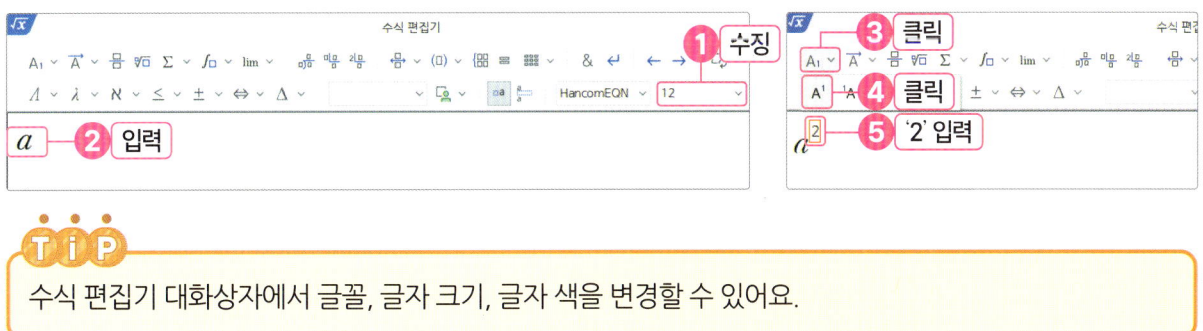

TiP 수식 편집기 대화상자에서 글꼴, 글자 크기, 글자 색을 변경할 수 있어요.

③ 키보드의 Tab 을 눌러 다음 칸으로 이동하면서 수식을 완성한 다음 [넣기( )]를 클릭해요.

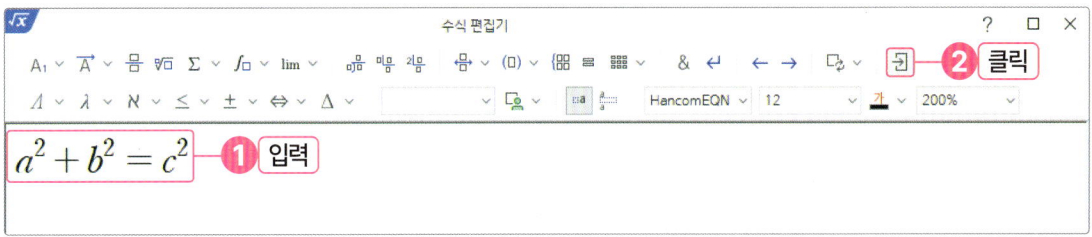

$a^2 + b^2 = c^2$

CHAPTER 13 척척박사~ 수학 마법사 도전! • 81

④ 같은 방법으로 다음 수식을 입력하고 문서에 삽입해요.

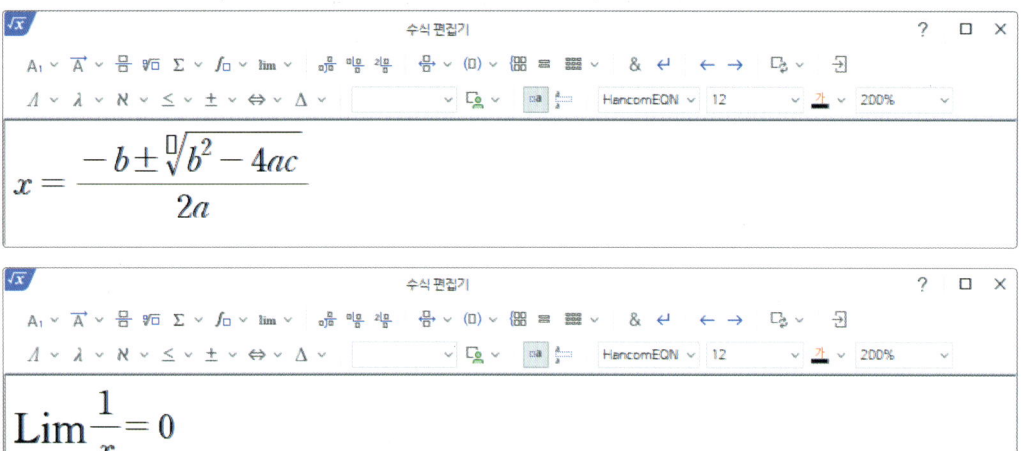

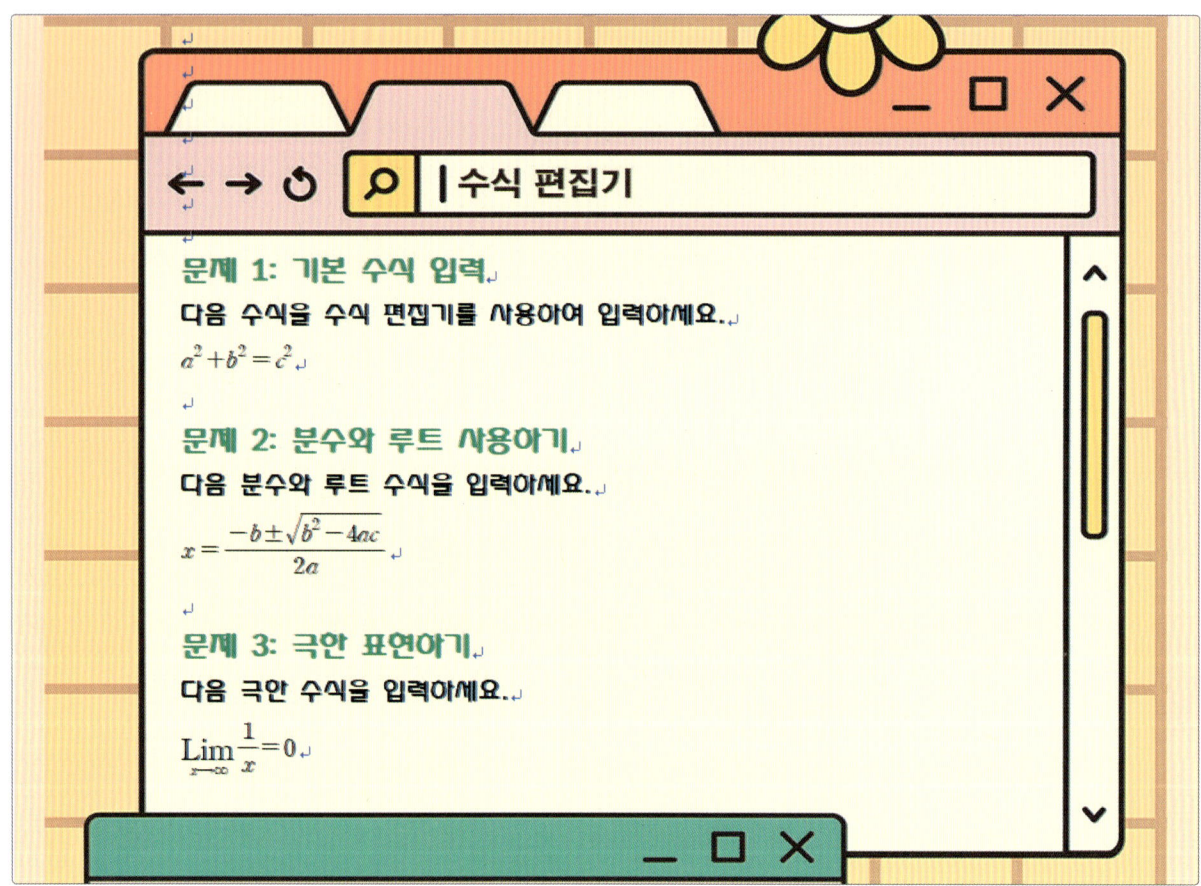

CHAPTER 13 발표 천재로 가는 길!

톡톡 학습

01 수식 편집기를 사용하여 기능 평가 문제를 완성해 보아요.

■ 불러올 파일 : 기능평가.hwpx   ■ 완성된 파일 : 기능평가_완성.hwpx

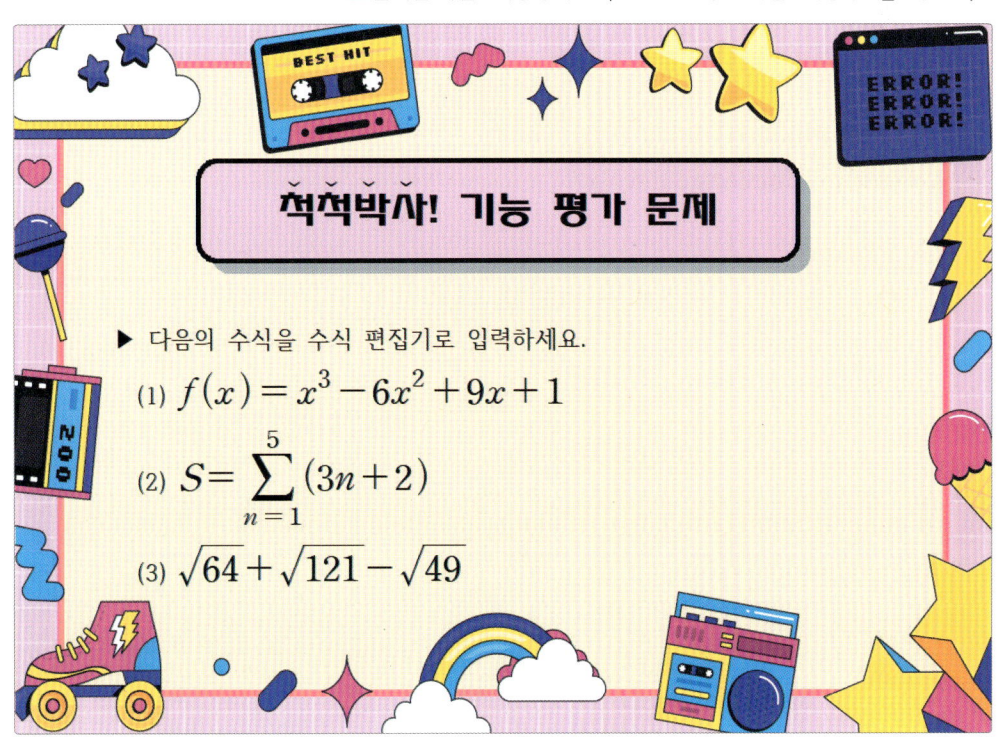

척척박사! 기능 평가 문제

▶ 다음의 수식을 수식 편집기로 입력하세요.

(1) $f(x) = x^3 - 6x^2 + 9x + 1$

(2) $S = \sum_{n=1}^{5}(3n+2)$

(3) $\sqrt{64} + \sqrt{121} - \sqrt{49}$

02 다음 중 스타일 기능의 장점에 대한 설명으로 올바른 것은 무엇일까요?

① 문서 전체에 동일한 서식을 적용하려면 각 텍스트를 하나씩 선택하여 서식을 변경해야 해요.

② 스타일을 수정하면, 문서에서 해당 스타일을 사용한 모든 텍스트가 자동으로 수정돼요.

③ 스타일 기능을 사용하면 텍스트 서식은 적용할 수 있지만, 문단 서식은 적용할 수 없어요.

④ 스타일 기능은 텍스트의 크기와 색상만 변경할 수 있고, 다른 서식은 변경할 수 없어요.

CHAPTER 14
용돈 FLAX! 내돈내산 영수증 인증하기

학습 목표
- 표 셀을 병합하고 선을 다양하게 변경할 수 있어요.
- 숫자를 드래그한 후 블록 계산식으로 계산할 수 있어요.

미리 보기 — 이렇게 만들어 보아요

📁 불러올 파일 : 영수증 인증.hwpx 📁 완성된 파일 : 영수증 인증_완성.hwpx

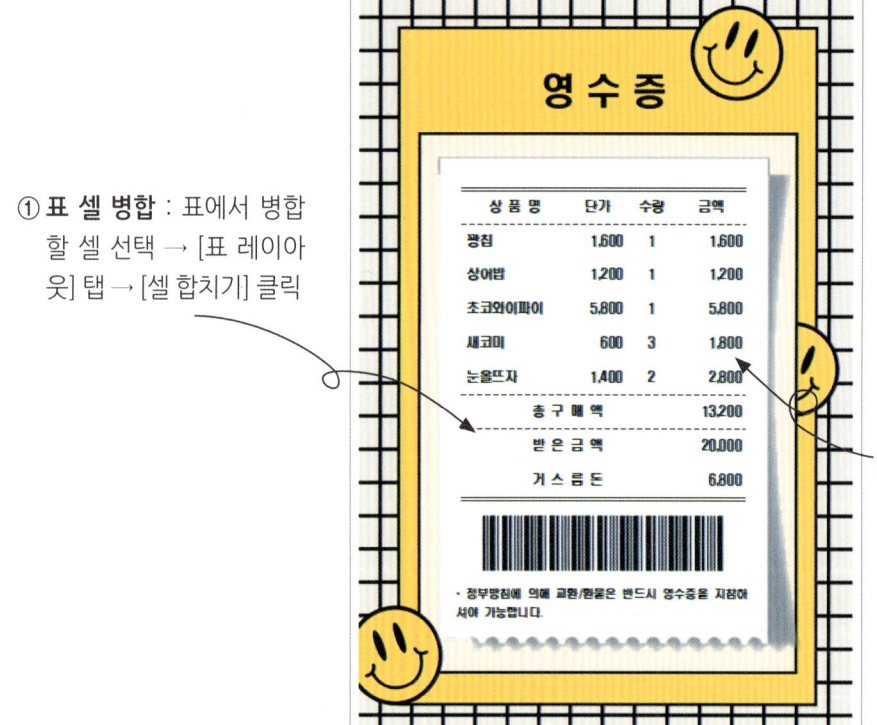

① **표 셀 병합** : 표에서 병합할 셀 선택 → [표 레이아웃] 탭 → [셀 합치기] 클릭

② **블록 계산식 입력** : 계산할 셀 블록 선택 → [표 레이아웃] 탭 → [계산식] 클릭 → 블록 합계 등 원하는 계산식 선택

▶ 호기심 쳇 GPT

영수증은 마치 돈을 쓴 일기를 쓰는 것과 같아요. 영수증 관리를 통해 현명한 소비 습관을 길러보아요.

- ☑ 중요한 영수증은 따로 모아두기
- ☑ 용돈을 쓸 때 영수증을 보면서 계획하기
- ☑ 실수로 물건을 잘못 샀다면 영수증을 가지고 가게에서 확인하기

84 • 문서천재 한글 2022

표 셀을 병합하고 선을 다양하게 변경해요.

① [영수증 인증.hwpx] 파일을 실행 한 후 단가 금액이 표시된 셀을 블록으로 지정한 후 [표 레이아웃(▦)] 탭의 [1,000단위 구분 쉼표(⟨1000⟩)]-[자릿점 넣기]를 클릭해요.

② [총구매액]이 입력된 셀에 인접한 3개의 칸을 하나의 셀로 합치기 위해 블록으로 지정한 후 [표 레이아웃(▦)] 탭의 [셀 합치기]를 클릭해요. 같은 방법으로 '받은금액'과 '거스름돈'이 입력된 셀도 [셀 합치기]를 클릭해요.

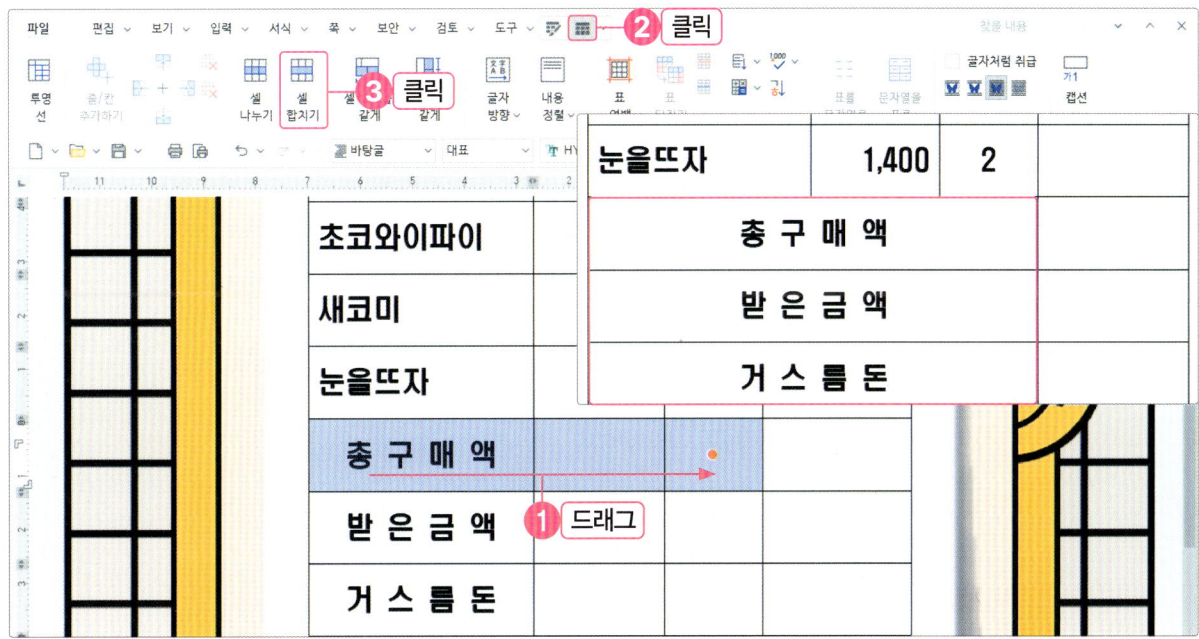

③ 표 전체를 블록으로 지정한 후 [표 디자인( )] 탭-[일반-투명( )]을 클릭해요.

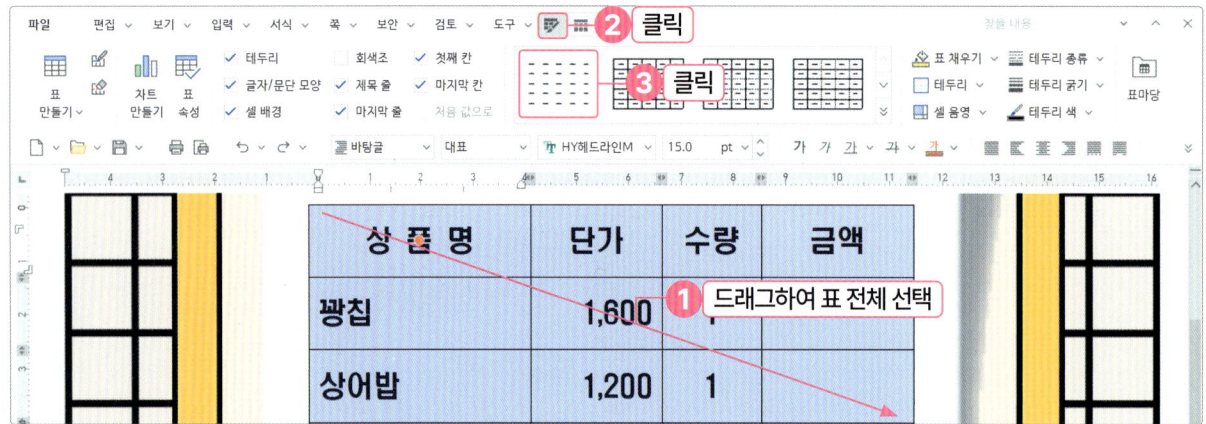

④ 표 테두리 변경을 위해 블록 지정된 상태에서 키보드의 L을 눌러요. [셀 테두리/배경]-[테두리] 탭에서 테두리의 종류 및 굵기를 수정해요.

※ 위쪽 테두리( ), 아래쪽 테두리( ) : 종류(이중 실선), 굵기(0.7mm)

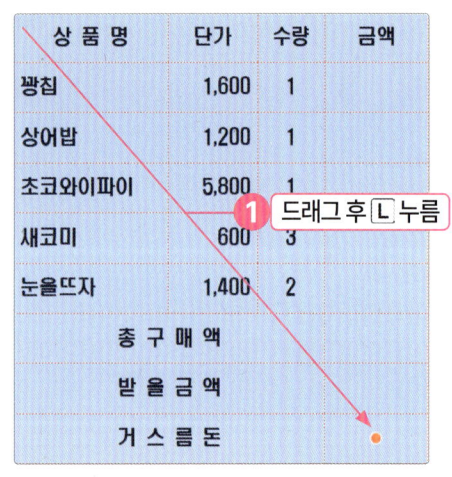 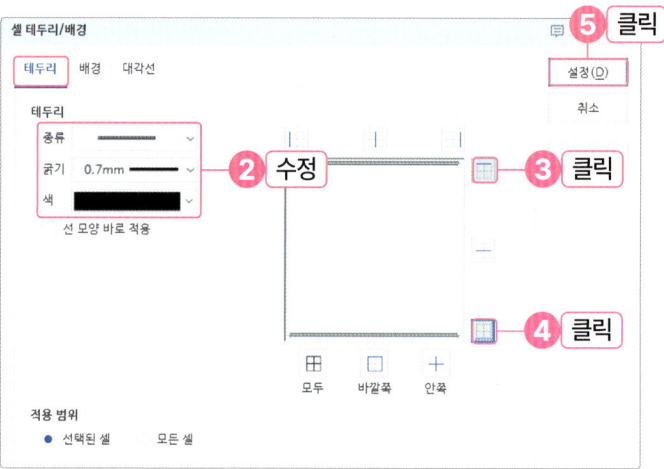

⑤ 같은 방법으로 셀을 블록으로 지정한 후 테두리의 종류 및 굵기를 수정해요.

※ 종류(파선), 굵기(0.12mm)

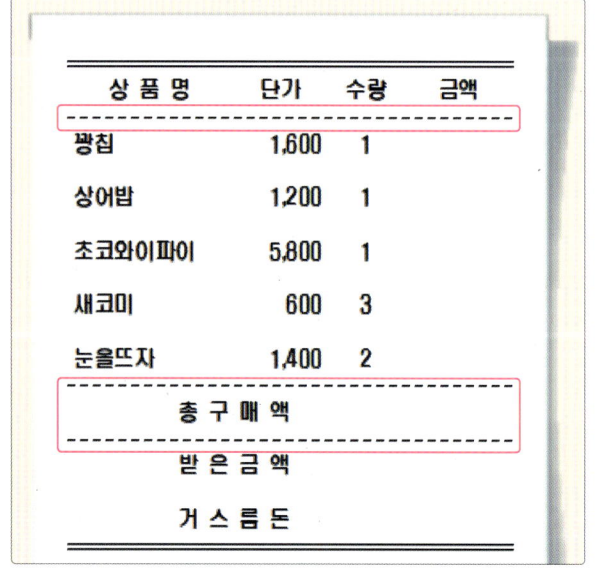

2 블록 계산식으로 금액을 입력해요.

① 금액을 계산하기 위해 '단가', '수량', '금액' 셀을 블록으로 지정한 후 [표 레이아웃()]탭의 [계산식(🔢)]-[블록 곱]을 클릭해요.

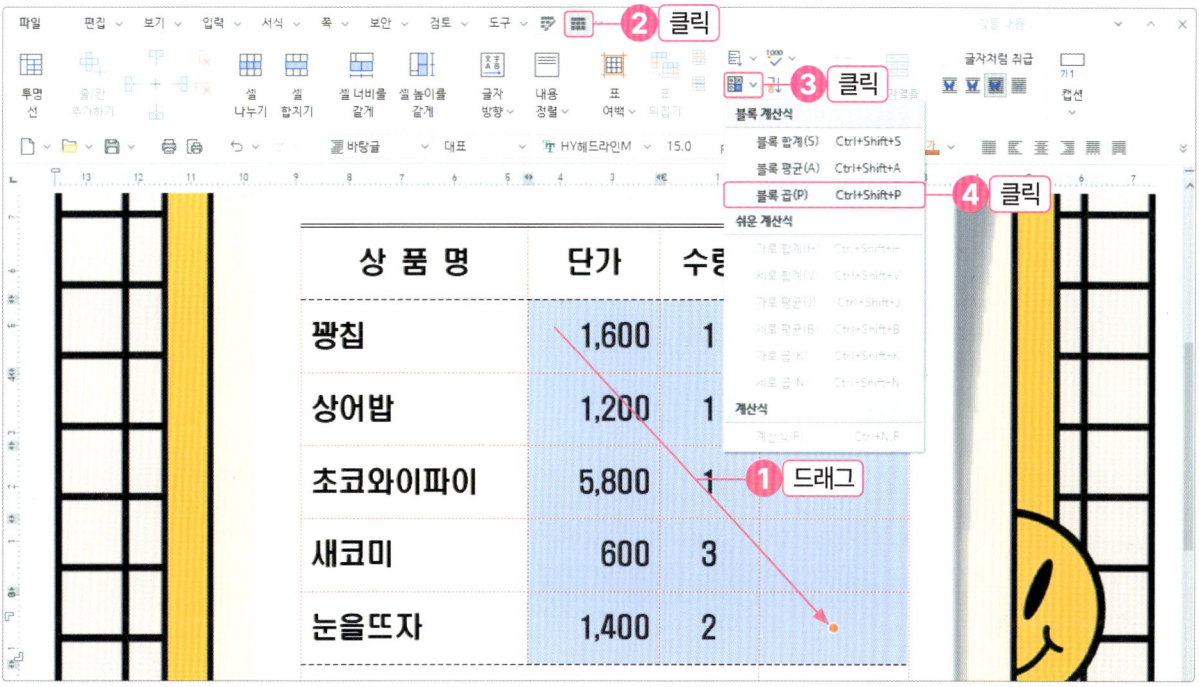

② '총구매액'은 금액이 입력된 셀을 블록으로 지정한 후 [계산식(🔢)]-[블록 합계]를 클릭해요.

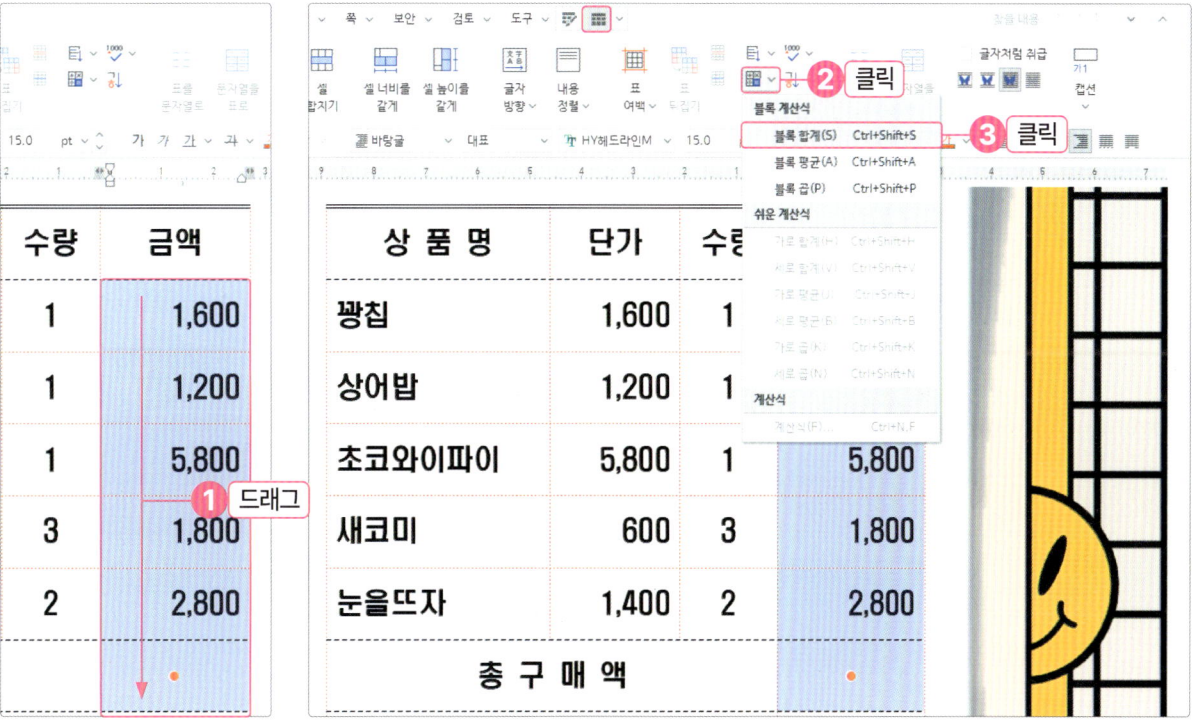

CHAPTER 14 용돈 FLAX! 내돈내산 영수증 인증하기 • 87

❸ '받은금액'에 해당하는 셀에 "20,000"을 입력해요

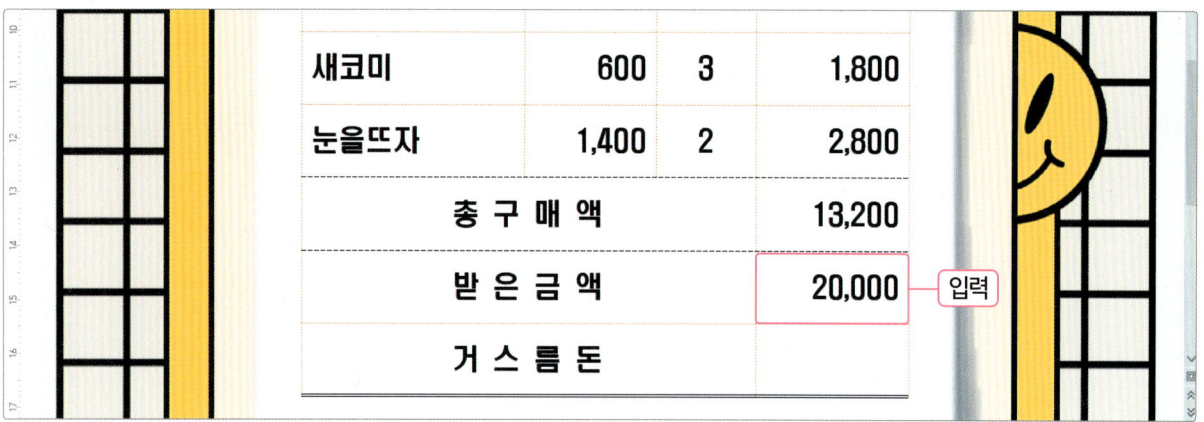

❹ '거스름돈'에 해당하는 셀에서 바로 가기 메뉴의 [계산식]을 클릭해요. 이어서 계산식 대화상자가 나타나면 계산식("=D8-D7")을 입력한 다음 [설정]을 클릭해요.

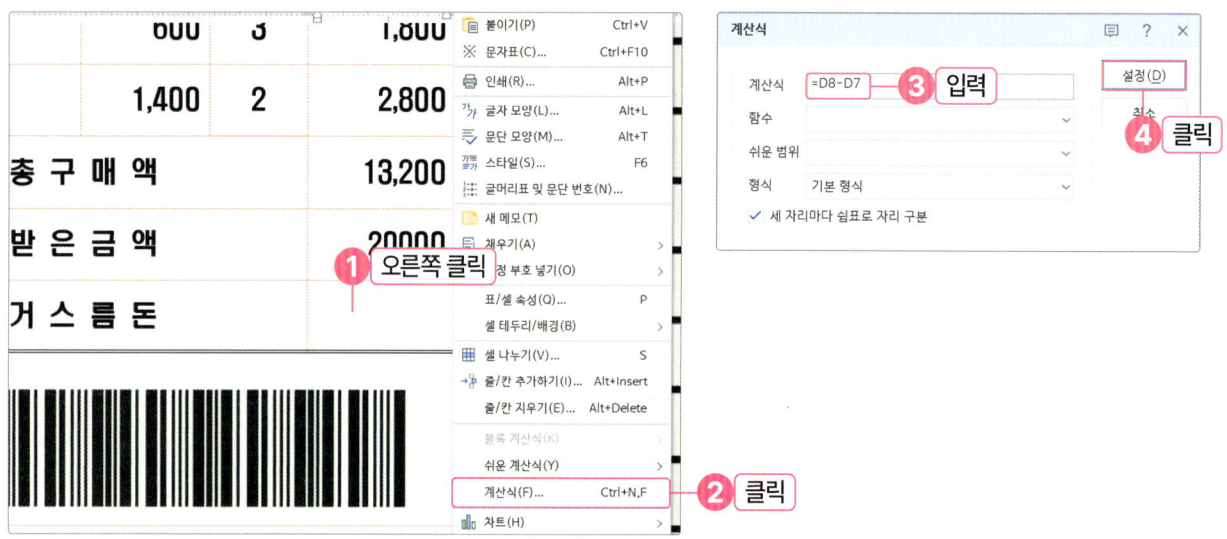

❺ '거스름 돈' 계산식의 입력 값을 확인해요.

 알고 넘어가요!
아래 한글에서도 엑셀처럼 계산식을 직접 입력할 수 있어요.

CHAPTER 14 발표 천재로 가는 길!

톡톡 학습

01 [성적표.hwpx] 파일을 실행한 후 테두리를 설정하고 총점을 계산한 다음 순위를 특수 기호(★)로 입력해 보아요.

📁 불러올 파일 : 성적표.hwpx   📁 완성된 파일 : 성적표_완성.hwpx

그룹별 성적 랭킹

이름 \ 과목	국어	영어	수학	총점	별점
태경	90	95	90	275	★★★★★
연화	90	80	90	260	★★
태영	75	95	80	250	★
현숙	80	90	90	260	★★
지예	100	90	80	270	★★★★
현정	90	100	75	265	★★★

02 한글 2022에서 표의 셀을 합치는 방법으로 올바른 것은?

① [서식] - [셀 합치기]

② [편집] - [표 편집] - [셀 합치기]

③ [표 레이아웃] - [셀 합치기]

④ [보기] - [표 설정]

CHAPTER 15
똑똑한 어린이의 자전거 안전 수칙

학습 목표
- 도형을 다양하게 꾸밀 수 있어요.
- 문서에 차트를 만들어 삽입할 수 있어요.

 불러올 파일 : 안전 수칙.hwpx    완성된 파일 : 안전 수칙_완성.hwpx

미리 보기 — 이렇게 만들어 보아요

① **차트 삽입** : [입력] 탭 → [차트] 클릭 → 차트 종류 선택 → 데이터 입력 → [확인] 클릭

② **도형 삽입** : [입력] 탭 → [도형] 클릭 → 원하는 도형 선택 → 드래그하여 그리기

 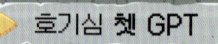 호기심 챗 GPT

 **안전 수칙을 지키면 다치지 않고 건강하게 생활할 수 있어요.** 위험한 상황을 미리 예방할 수 있어서 사고를 줄일 수 있어요. 모두가 안전하면 친구들과 더 즐겁게 놀 수 있어요. 또한, 스스로 조심하는 습관이 생겨 평생 안전하게 지낼 수 있어요.

 **도형 안에 색과 그림을 넣어요.**

① [안전 수칙.hwpx] 파일을 실행한 후 모서리 둥근 사각형 도형을 더블클릭 해요. [개체 속성] 대화 상자의 [채우기] 탭에서 [그러데이션]의 시작 색(하양), 끝 색(초록 60% 밝게), 유형(가로)을 지정한 다음 [설정]을 클릭해요.

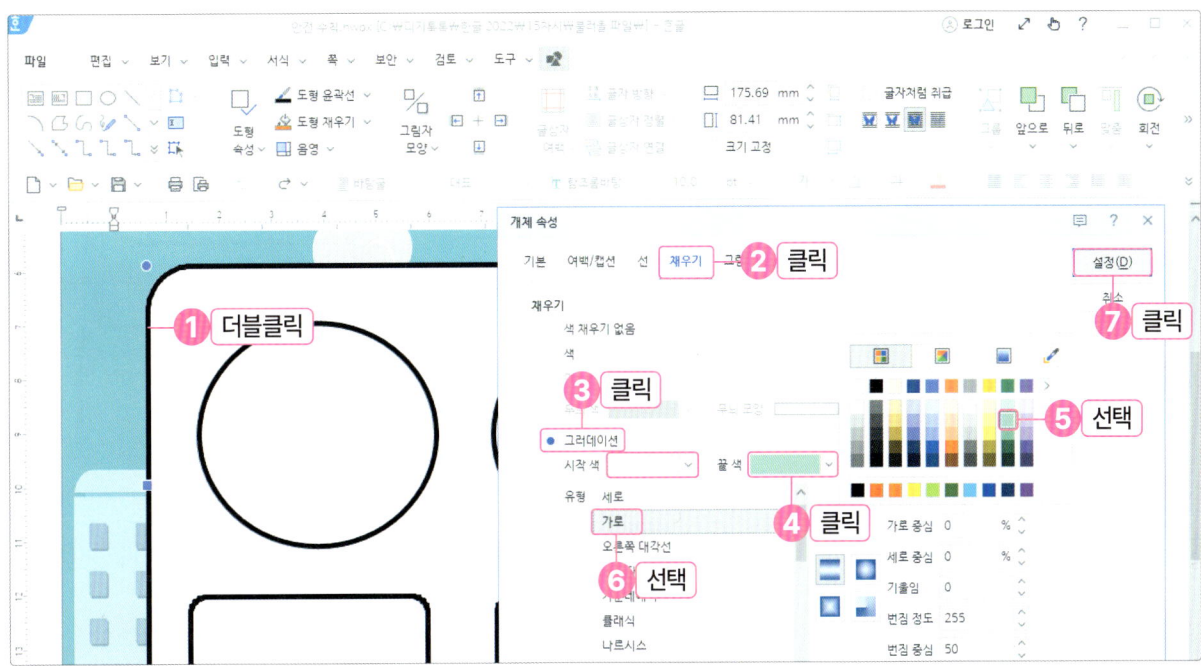

② 첫 번째 타원 도형을 더블클릭한 후 [개체 속성]-[채우기] 탭에서 면 색(노랑 80% 밝게)과 [그림]-[안전모] 그림 파일을 선택한 다음 [설정]을 클릭해요.

  ※ 그림 삽입 : [그림]을 클릭하여 체크 후 [그림 선택(📁)]을 클릭한 다음 그림 파일(안전모)을 선택

❸ 같은 방법으로 [횡단보도] 및 [자동차] 그림 파일을 타원 도형 안에 삽입한 후 아래쪽 모서리가 둥근 사각형에서 바로 가기 메뉴의 [도형 안에 글자 넣기]를 클릭해요.

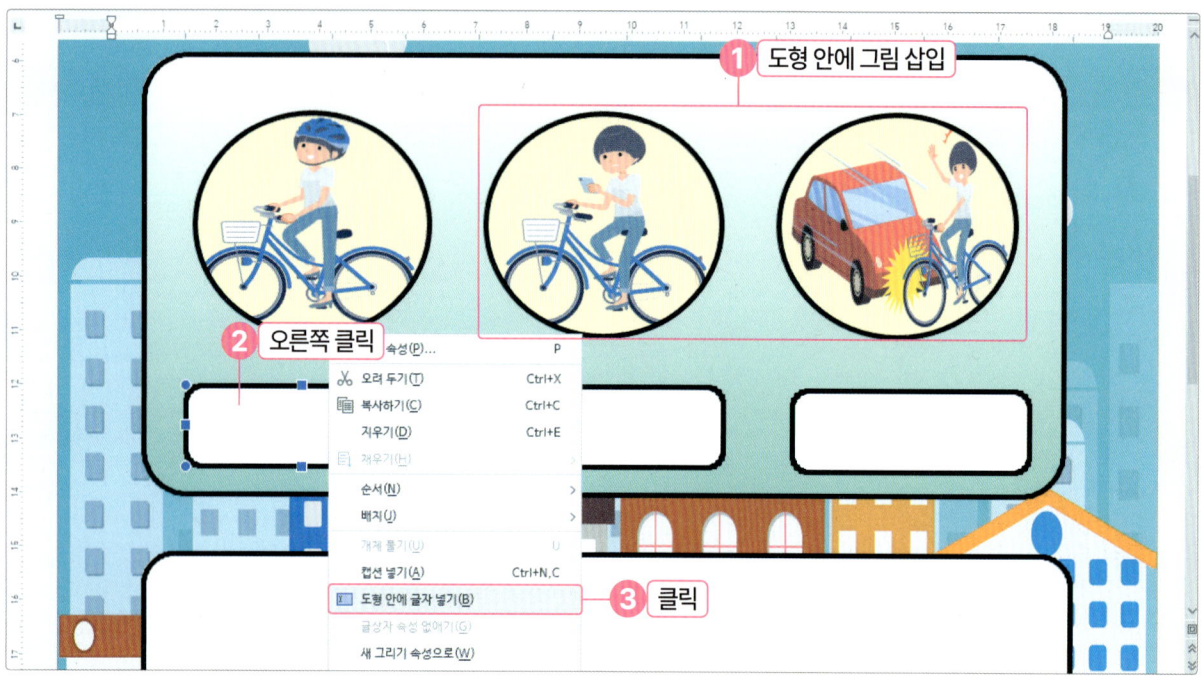

❹ 도형 안에 다음과 같이 내용을 입력한 후 Shift 를 누르고 도형을 클릭하여 3개의 도형을 모두 선택한 다음 글꼴(HY수평선B), 글자크기(14pt), 정렬(가운데 정렬(≡))을 수정해요.

어린이 안전 사고 유형을 차트로 삽입해요.

① 차트 삽입 할 도형 안을 클릭하여 커서를 위치한 후 [입력] 탭-[차트( )]-[묶은 세로 막대형( )]을 클릭해요.

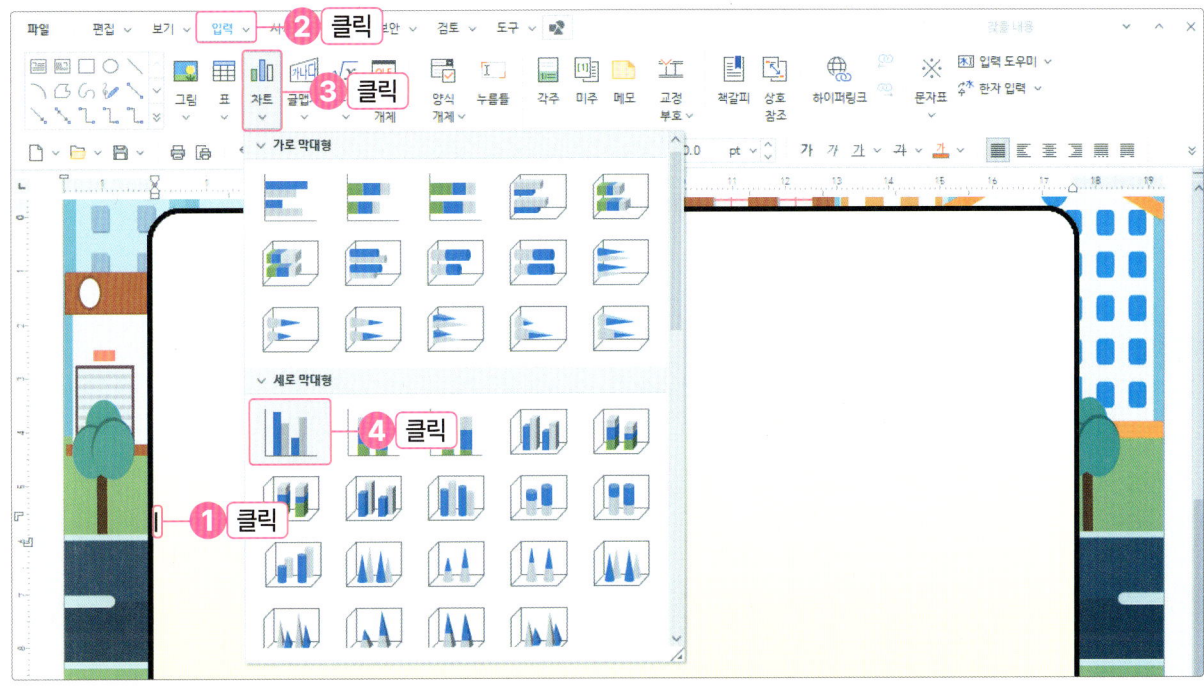

② [차트 데이터 편집] 창에서 [A열]과 [B열]에 데이터를 입력한 후 [C열]과 [D열]에서 바로 가기 메뉴의 [지우기]를 클릭한 다음 [닫기( )]를 클릭해요.

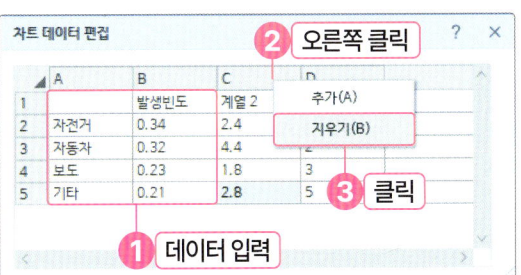 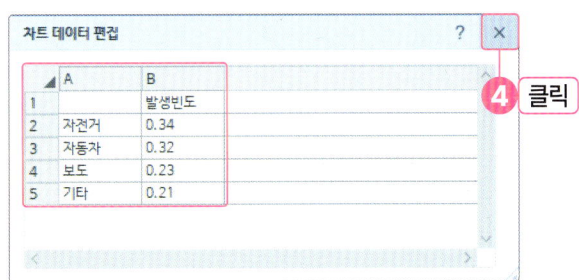

TIP
차트 데이터를 입력 시 키보드의 F2 를 누르면 빠르게 수정할 수 있어요.

❸ 차트가 삽입되면 이동 및 크기를 조절하고 [차트 서식( )] 탭에서 차트 요소(차트 제목)를 선택한 후 차트 제목에서 바로 가기 메뉴의 [제목 편집]을 클릭해요.

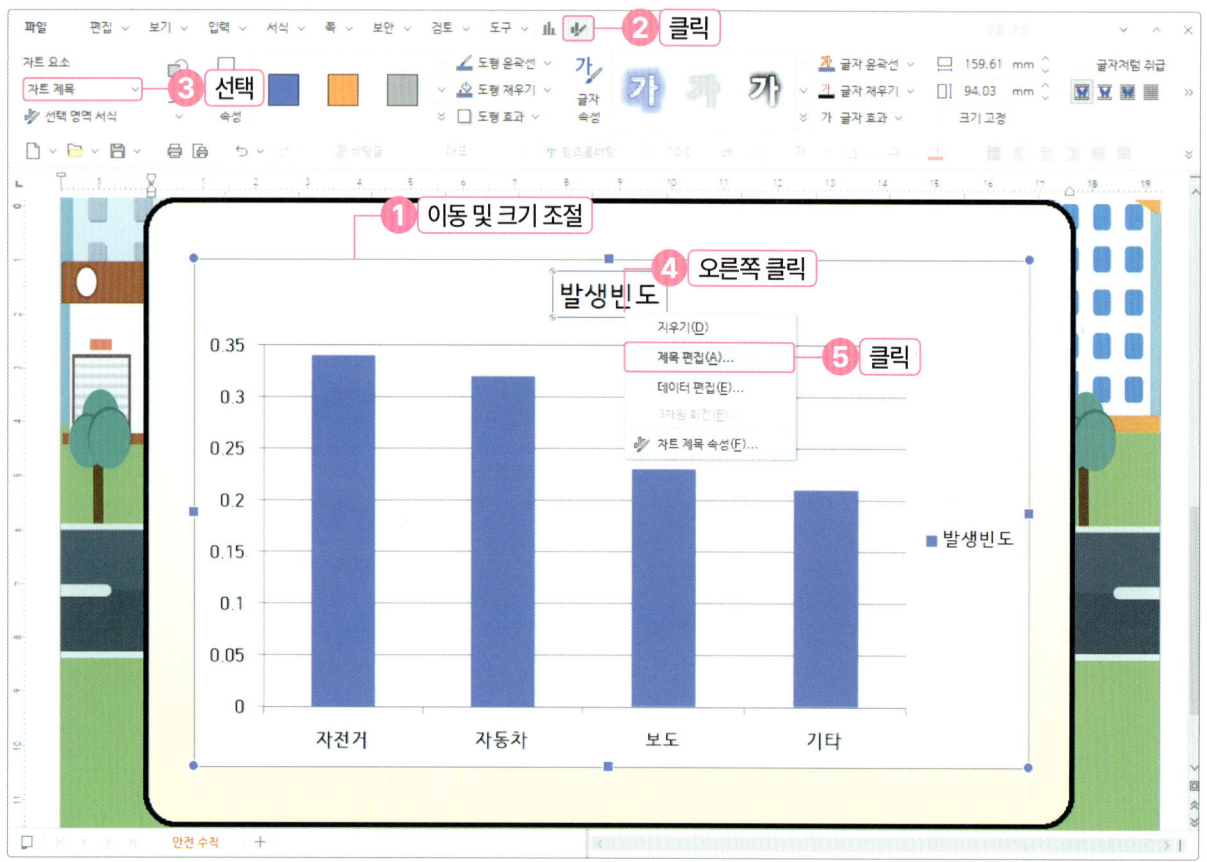

❹ [차트 글자 모양] 대화상자가 나타나면 제목(어린이 안전 사고 발생 현황)을 입력 후 진하게(가)를 선택한 다음 [설정]을 클릭해요.

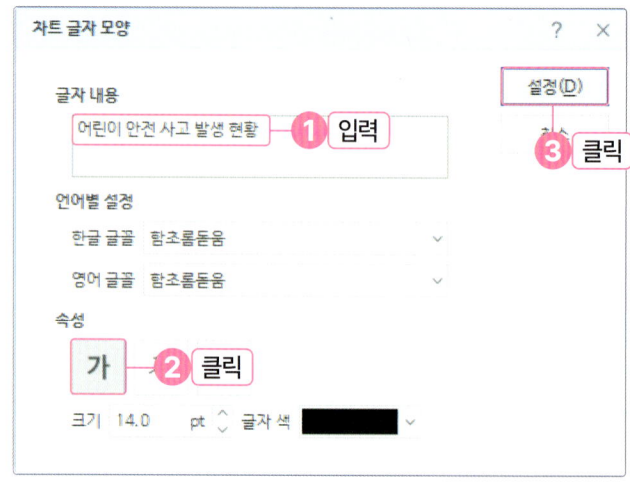

❺ 차트 제목의 글자 모양이 수정되면 [선택 영역 서식]를 클릭한 후 [개체 속성] 창의 [그리기 속성(🖉)]에서 채우기(밝은 색), 선(어두운 색), [효과(🔲)]에서 [그림자]-[대각선 오른쪽 아래(🔲)]로 설정해요.

❻ [차트 디자인(📊)] 탭에서 [차트 계열색 바꾸기]-[색3]을 클릭하여 그래프 색상을 선택한 후 [차트 서식(📊)] 탭-[도형 채우기]-[없음]을 클릭해요.

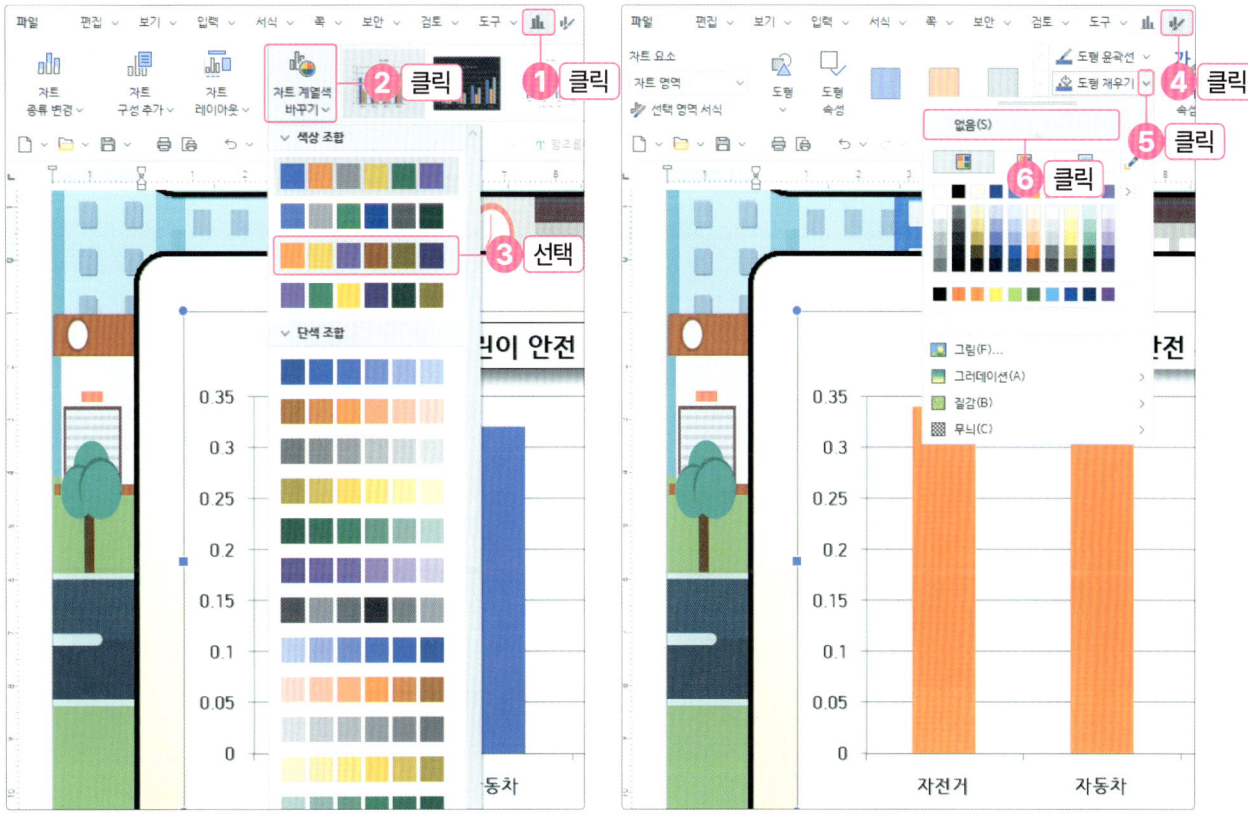

❼ 범례 삭제를 위해 [차트 서식(　)] 탭의 차트 요소(범례)를 선택한 후 범례에서 바로 가기 메뉴의 [지우기]를 클릭해요.

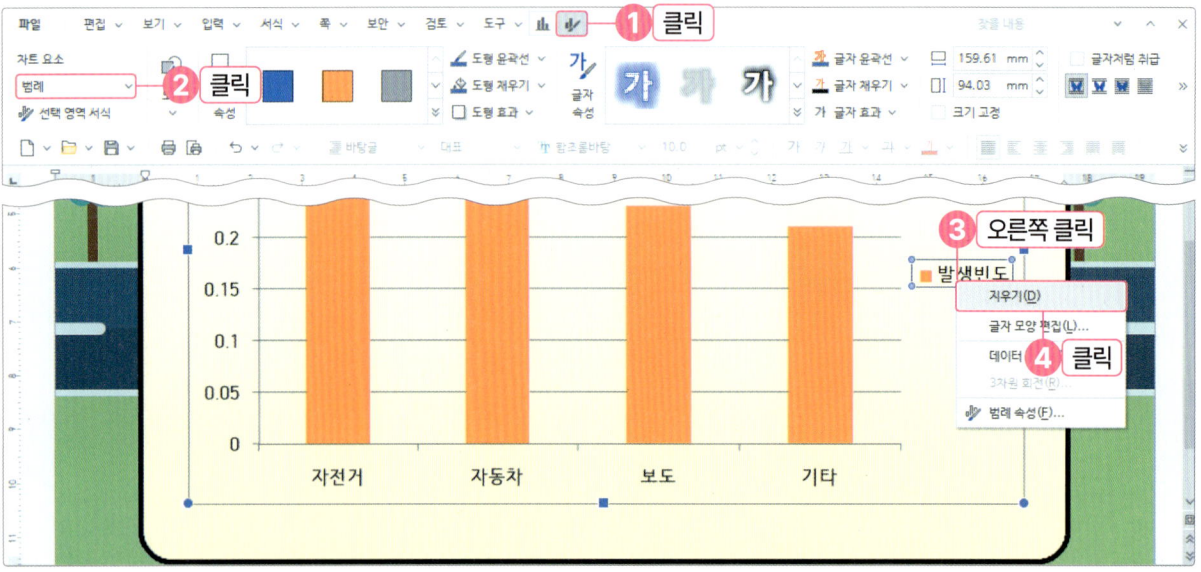

❽ [차트 서식(　)] 탭의 차트 요소(값 축)을 선택한 후 [선택 영역 서식]을 클릭해요. [개체 속성] 창의 [축 속성(　)]에서 [표시 형식]-[범주(백분율)]를 수정해요.

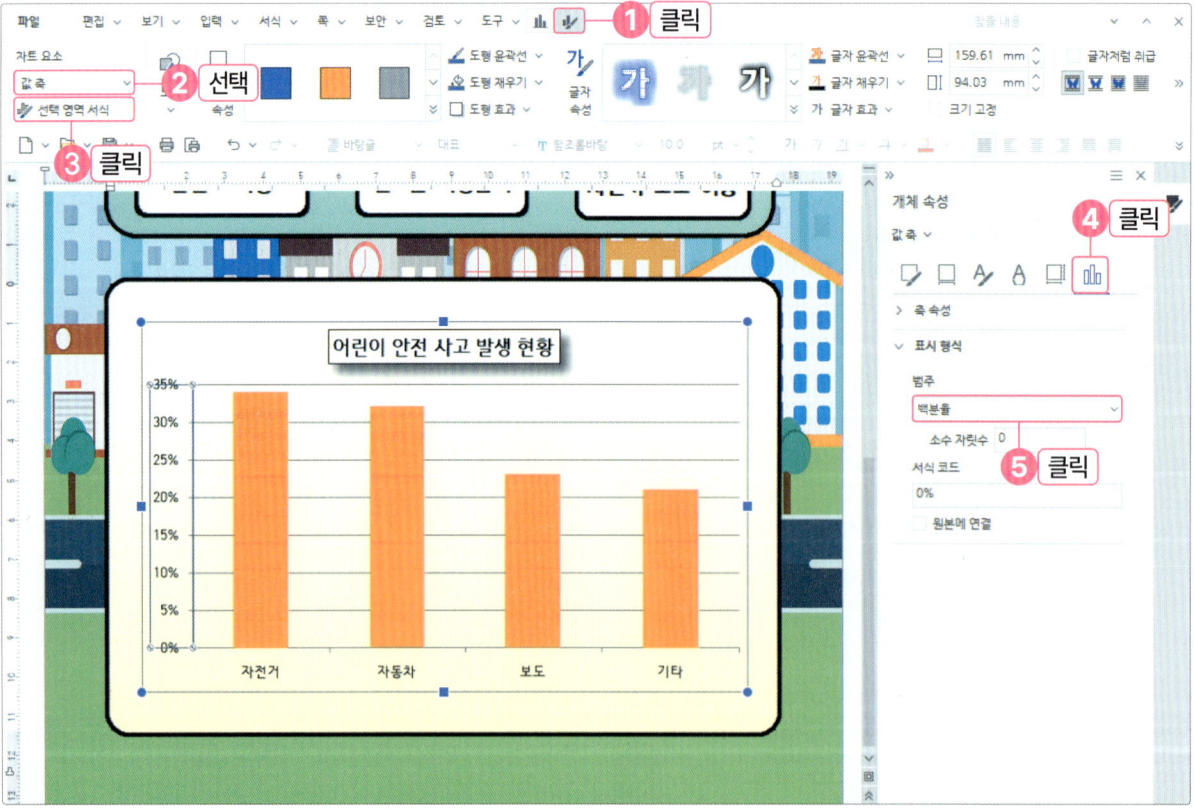

CHAPTER 15 발표 천재로 가는 길!

톡톡 학습

01 표 데이터를 이용하여 폭염 기후 변화 그래프를 만들어 보아요.

■ 불러올 파일 : 폭염 그래프.hwpx   ■ 완성된 파일 : 폭염 그래프_완성.hwpx

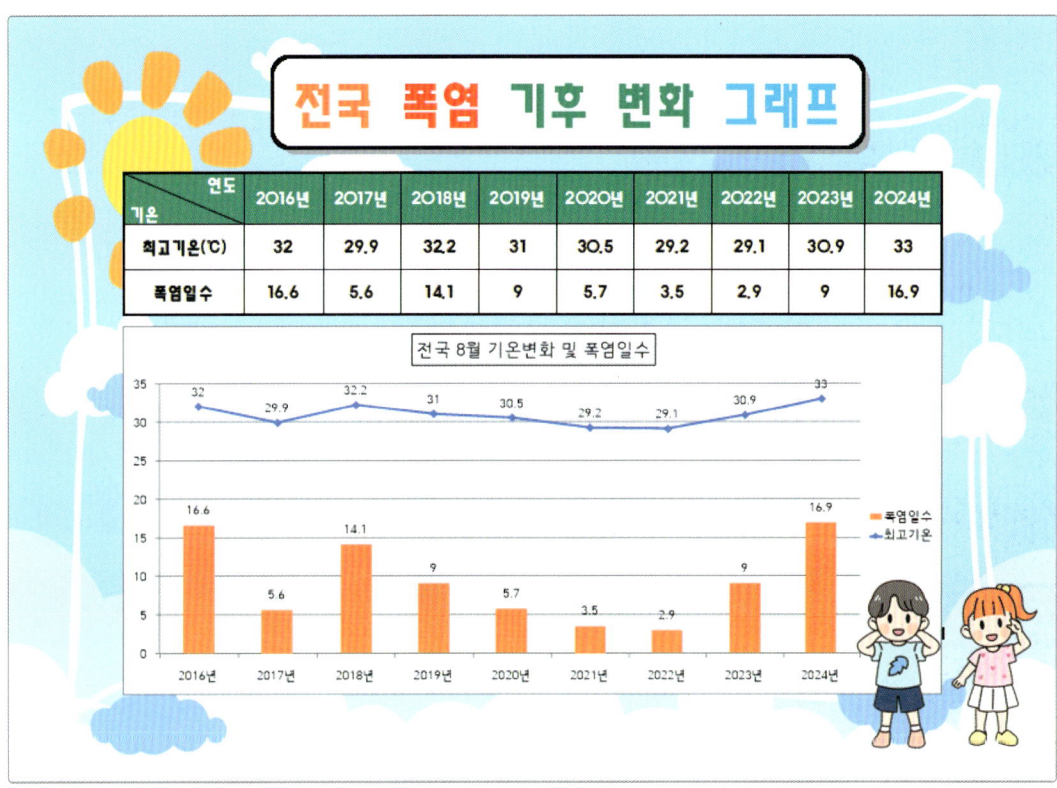

[작성 조건]

① 표 전체를 블록으로 지정한 후 [입력]-[차트]-[세로 막대형] 차트 삽입해요.

② 표 크기를 조절한 후 [차트 디자인]-[줄/칸 전환] 클릭해요.

③ 차트 제목 클릭한 후 바로 가기 메뉴의 [제목 편집]을 선택한 다음 내용 입력 후 글꼴, 테두리를 설정해요.

④ 최고 기온(℃) 그래프를 선택한 후 [차트 디자인]-[차트 종류 변경]-[표식이 있는 꺾은선형] 차트로 변경해요.

⑤ 최고 기온(℃) 그래프에 [데이터 레이블 추가]로 값 표시를 해요.

⑥ [입력]-[그림]으로 이미지 삽입한 후 크기와 위치 설정해요.

CHAPTER 16
생일 초대장, 메일머지로 뚝딱!

학습 목표
- 번역기능을 활용해 다양한 언어로 입력할 수 있어요.
- 메일머지로 여러 장의 초대장을 쉽고 간편하게 만들 수 있어요.

미리 보기 — 이렇게 만들어 보아요

📁 불러올 파일 : 초대장.hwpx   📁 완성된 파일 : 초대장_완성.hwpx

① **번역 기능** : 번역할 문장 선택 → [도구] 탭 → [번역] 클릭 → 번역할 언어 설정 → [번역] 클릭

② **메일 머지 설정** : [도구] 탭 → [메일 머지] 클릭 → 데이터 파일 선택 → 머지할 필드 삽입 → [머지 시작] 클릭

▶ 호기심 챗 GPT

생일 노래 "Happy Birthday"는 언제부터 부르게 됐을까?
"Happy Birthday to You"라는 노래는 1893년에 처음 만들어졌어요. 원래는 "Good Morning to All"이라는 노래였고, 그것이 시간이 지나면서 생일 노래로 변형되었어요. 지금은 전 세계에서 생일을 축하할 때 거의 모두 부르는 노래죠!

 **한글을 영어로 번역해요.**

① [초대장.hwpx] 파일을 실행한 후 글상자 내용(나의 생일 파티에 초대합니다.)을 블록으로 지정한 후 [도구] 탭에서 [번역]-[선택 영역 번역]을 클릭해요.

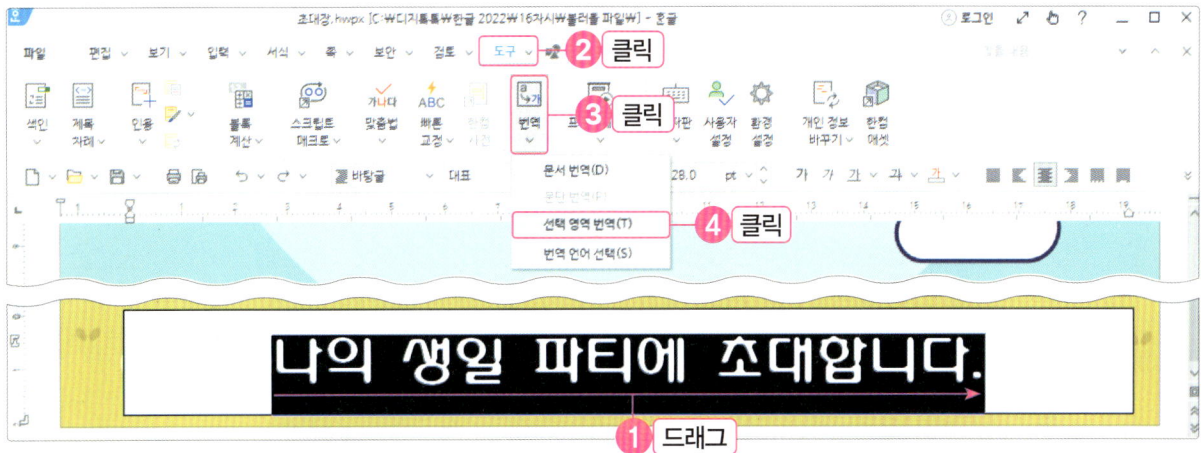

② [한글] 대화상자가 나타나면 [번역]을 클릭해요.

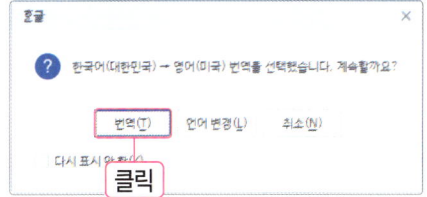

③ 번역 된 문장의 목록 버튼(⌄)을 클릭한 후 [덮어쓰기]를 클릭해요.

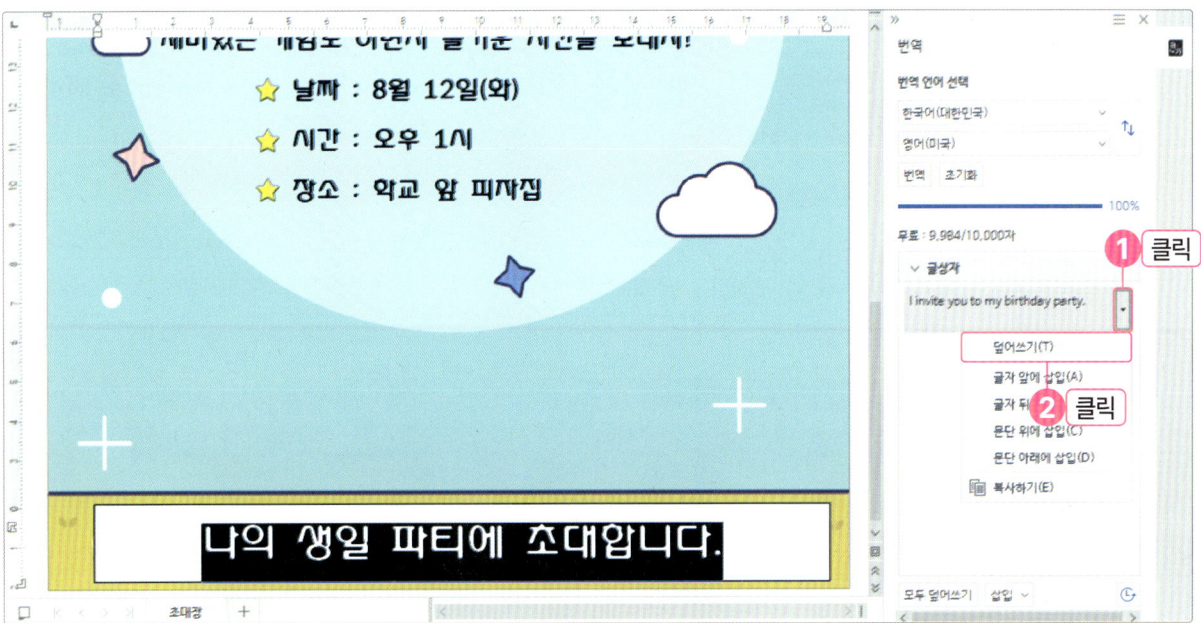

④ 글상자를 클릭한 후 [도형( )] 탭에서 도형 윤곽선(없음) 및 도형 채우기(없음)를 선택한 다음 서식 도구상자의 글자 색(하양)을 수정해요.

⑤ [입력] 탭-[그림( )]을 클릭한 후 [16차시]-[이미지] 폴더에서 [토끼], [해], [토끼 케익] 등의 그림 파일을 선택한 다음 그림을 삽입하고 이동 및 크기를 조절해요.

메일머지 기능으로 여러 장의 초대장을 만들어요.

① 이름을 표시할 위치를 클릭한 후 [도구] 탭-[메일 머지]-[메일 머지 표시 달기]를 클릭해요. [메일 머지 표시 달기]-[필드 만들기] 탭에서 필드 번호(1)를 입력 후 [넣기]를 클릭해요.

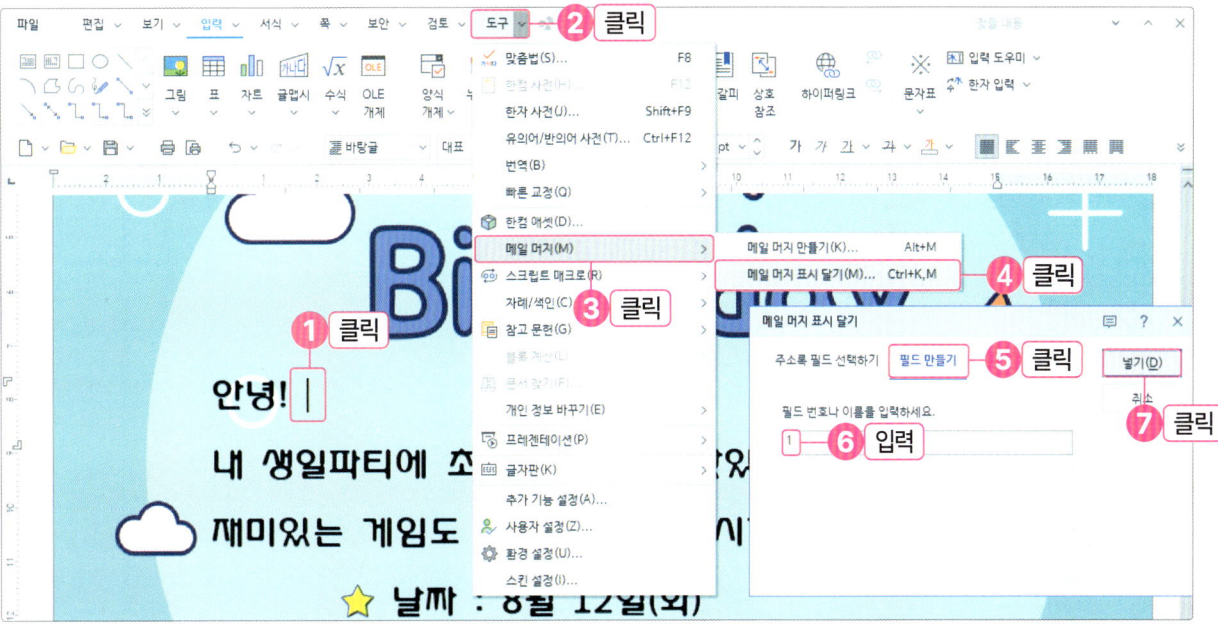

② 메일 머지 표시가 커서의 위치에 나타나면 미리 만들어 놓은 친구 명단(명단.hwpx)을 이용해서 메일 머지를 만들기 위해 [도구] 탭-[메일 머지]-[메일 머지 만들기]를 클릭해요.

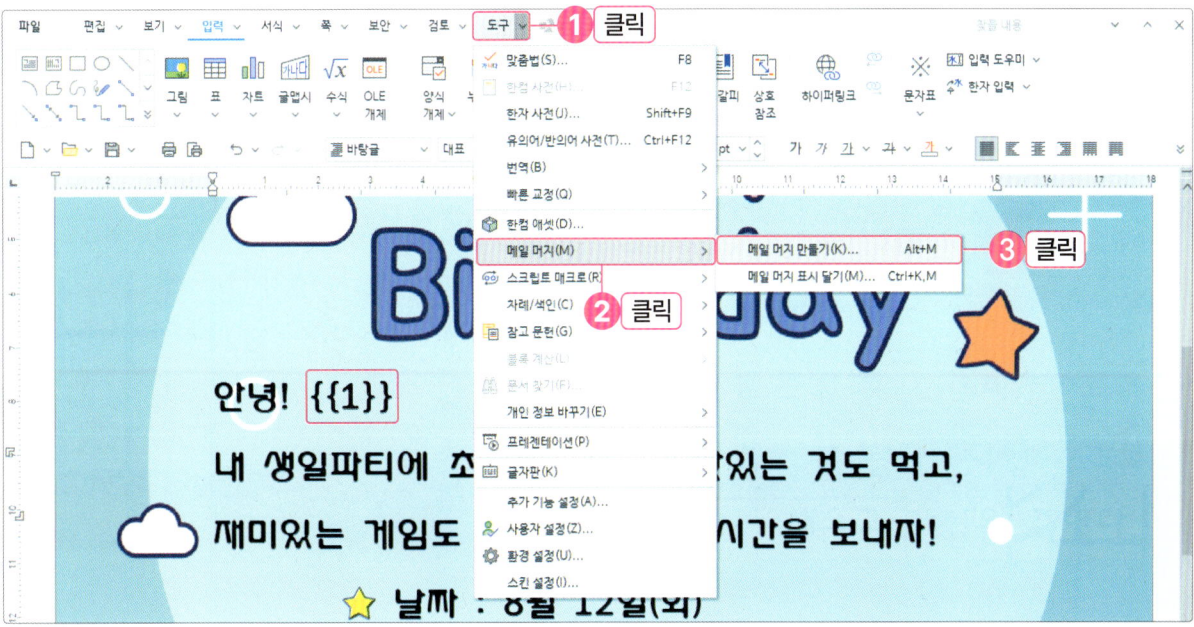

❸ [메일 머지 만들기] 대화상자가 나타나면 [한글 파일]의 [파일 선택(📁)]을 클릭한 후 [한글 파일 불러오기]에서 [명단.hwpx] 파일을 열고 출력방향(화면)을 선택한 다음 [만들기]를 클릭해요.

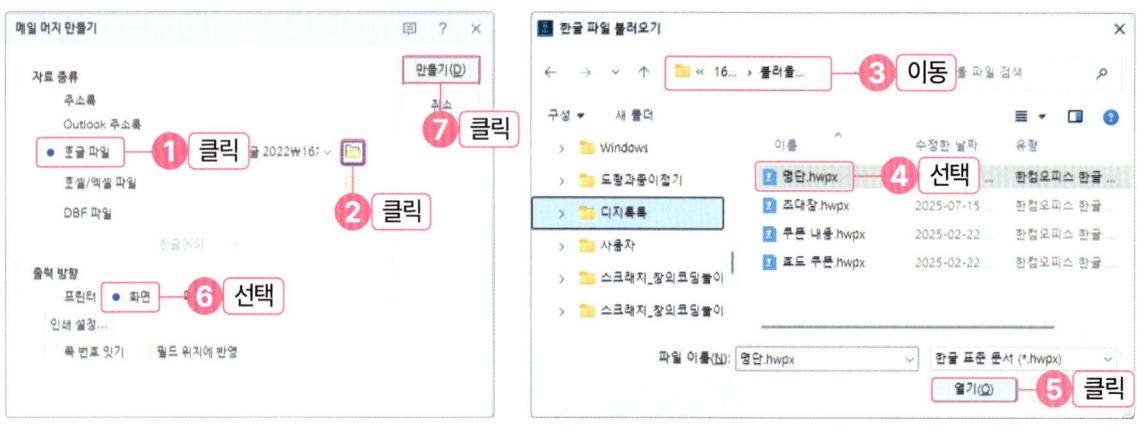

> **TIP**
> [출력 방향]을 [파일]로 선택하면 원하는 위치에 파일로 저장할 수 있어요.

❹ 미리 보기 화면에 문서가 표시되면 [쪽 보기]-[여러 쪽]에서 원하는 만큼의 페이지 수를 드래그한 후 결과를 확인해요.

CHAPTER 16 발표 천재로 가는 길!

톡톡 학습

01 메일 머지 기능을 이용하여 부모님께 드리는 효도 쿠폰을 완성해 보아요.

■ 불러올 파일 : 효도 쿠폰.hwpx   ■ 완성된 파일 : 효도 쿠폰_완성.hwpx

[작성 조건]

① 모서리 둥근 사각형을 클릭한 후 바로 가기 메뉴의 [도형 안에 글자 넣기]를 클릭한 다음 쿠폰 글을 아래와 같이 입력해요.

> [입력할 내용] 사랑하는 부모님께 감사의 마음을 전하는 효도 쿠폰입니다.
> 쿠폰마다 특별한 혜택이 준비되어 있으며,
> 원하실 때 언제든지 사용하실 수 있습니다.

② 글 전체를 블록으로 지정한 후 글꼴(HY수평선M), 글자 크기(20pt), 정렬(가운데 정렬(≡))을 변경해요.

③ 쿠폰 내용을 표시할 위치를 클릭한 후 [도구]-[메일 머지]-[메일 머지 표시 달기]를 클릭해요.

④ 표시된 메일 머지 필드 번호를 블록으로 지정한 후 글꼴(HY수평선M), 글자 크기(48pt), 글자 색(빨강)을 변경해요.

⑤ 필드 번호를 클릭한 후 [도구]-[메일 머지]-[메일 머지 만들기]를 클릭한 다음 [쿠폰 내용.hwpx] 파일을 연결한 후 [화면] 선택한 후 [만들기]를 클릭해요.

CHAPTER 17
몰입 100%! 꿈을 이루는 스터디 플랜

학습 목표
- 표 기능을 이용하여 스터디 플랜을 만들 수 있어요.
- 도형과 그림을 삽입할 수 있어요.

미리 보기 이렇게 만들어 보아요 ■ 불러올 파일 : 스터디 플랜.hwpx ■ 완성된 파일 : 스터디 플랜_완성.hwpx

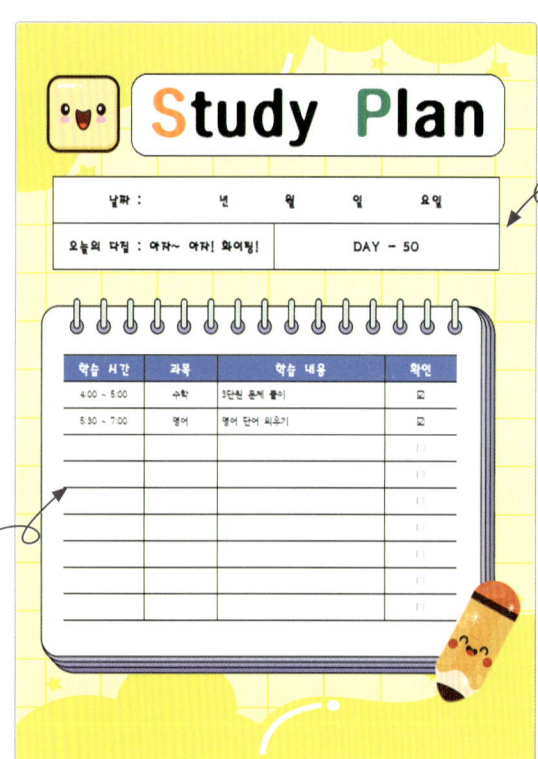

① 표 블록 지정 → [표 디자인] 클릭 → 테두리 종류, 굵기, 색, 테두리 영역 선택

② 표 만들기: Ctrl + N, T
셀 병합: 블록 지정 후 M
셀 나누기: 블록 지정 후 S

▶ 호기심 쳇 GPT

스터디 플랜을 사용하면 공부할 시간을 미리 정해서 더 쉽게 계획할 수 있어요. 목표를 정해두면 공부하는 재미도 생기고, 꾸준히 할 수 있어서 좋아요! 하지만 계획대로 안 되면 속상할 수도 있고, 너무 빡빡하면 힘들어서 오래 못 할 수도 있어요. 또, 계획만 세우고 공부하지 않으면 소용이 없어요. 그래서 쉬는 시간도 넣고, 상황에 맞게 계획을 바꾸면서 실천하는 게 가장 중요해요!

 **도형으로 제목을 만들어요.**

① [스터디 플랜.hwpx] 파일을 실행한 후 직사각형 도형을 더블클릭한 다음 [개체 속성] 대화상자의 [선] 탭에서 선의 굵기(0.5mm) 및 사각형 모서리 곡률(둥근 모양)을 선택한 다음 [설정]을 클릭해요.

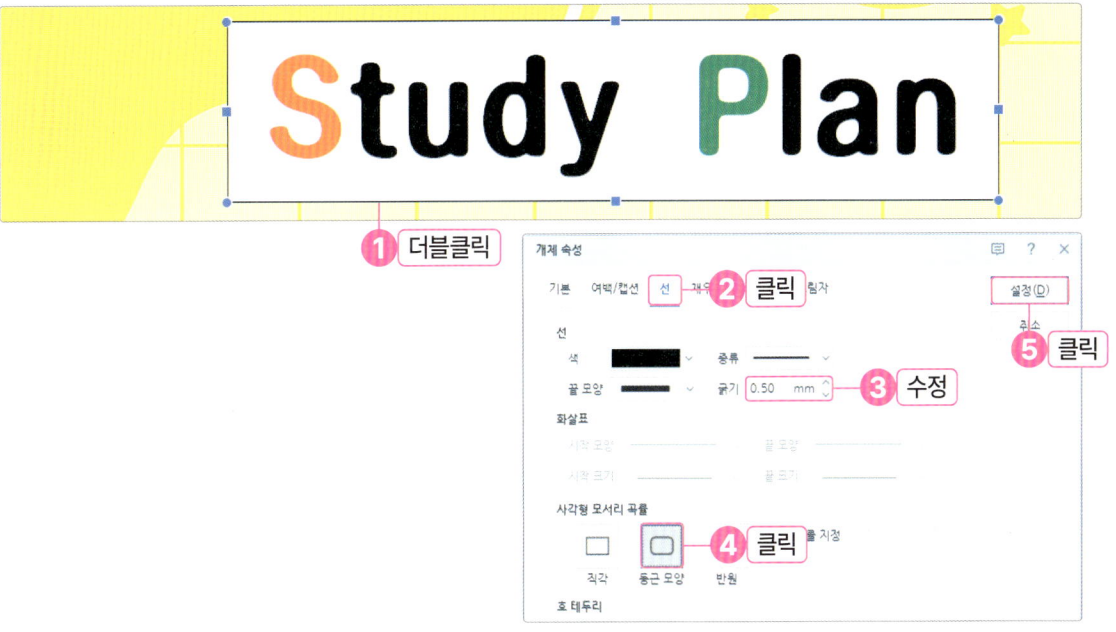

② [입력] 탭-[그림(🖼)]을 이용하여 [연필]과 [웃는 얼굴] 그림 파일을 삽입한 후 이동 및 크기를 조절해요.

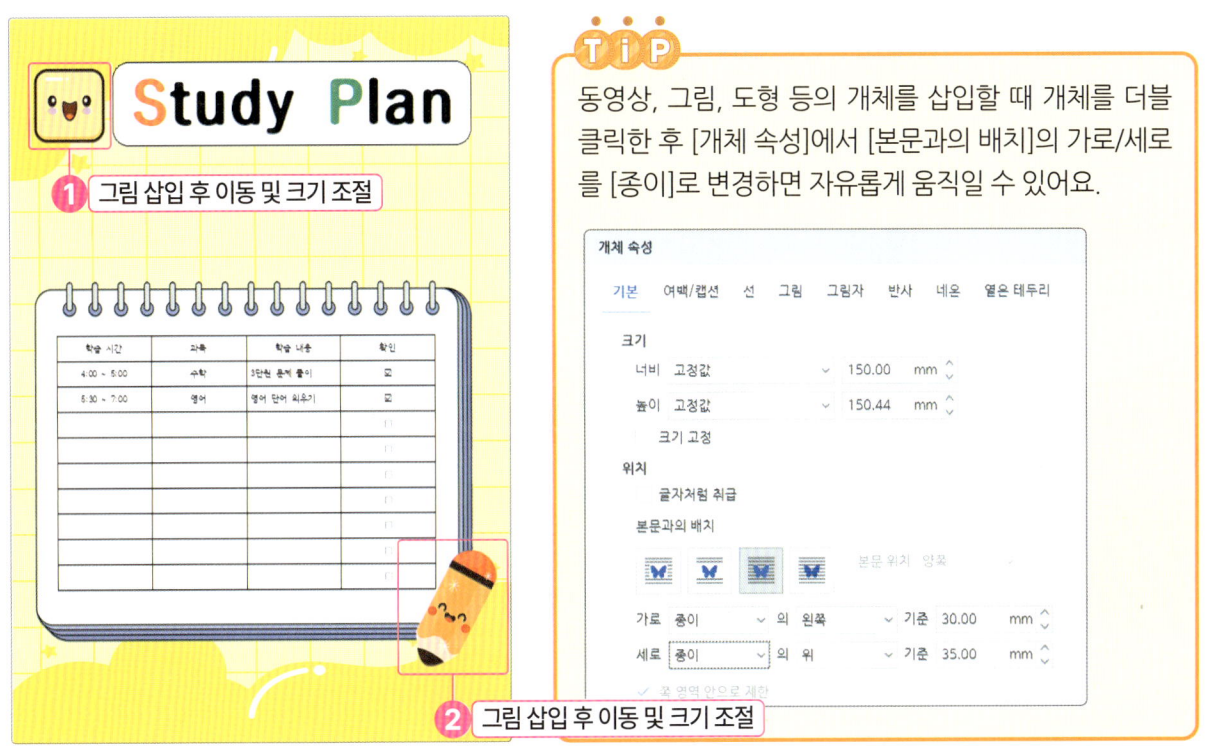

2 표를 삽입하고 서식을 변경해요.

① [입력] 탭-[표]-[표 만들기]를 클릭한 후 [표 만들기] 대화상자에서 줄 개수(2)와 칸 개수(2)를 입력한 다음 [마우스 끌기로 만들기]를 클릭하여 체크하고 [만들기]를 클릭해요.

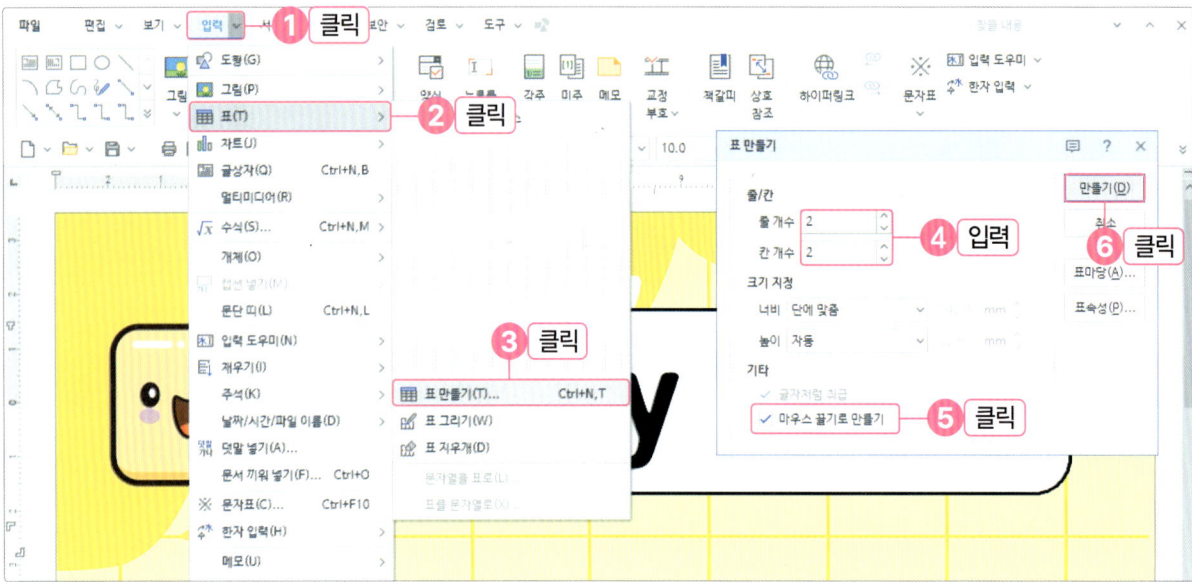

② 마우스로 드래그하여 표를 삽입한 후 표 안의 셀을 블록으로 지정한 다음 키보드의 P 를 눌러요.

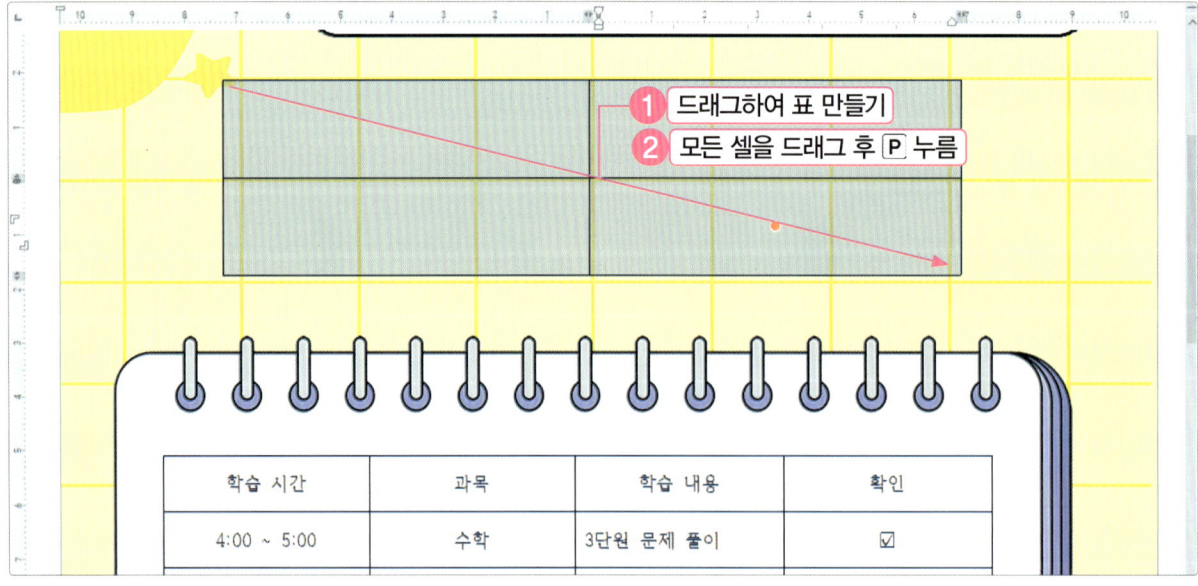

> **TiP**
> **단축키를 이용한 표 및 셀 설정하기**
> • P : [표/셀 속성] 대화상자에서 표의 다양한 설정을 수정할 수 있어요.
> • C / L : [셀 테두리/배경] 대화상자에서 셀의 다양한 설정을 수정할 수 있어요.

③ [표/셀 속성] 대화상자의 [기본] 탭에서 글 앞으로(▼), 가로[(종이)의 (가운데)]를 선택하고 [셀] 탭에서 [셀 크기 적용]을 체크한 다음 너비(90mm), 높이(18mm)를 수정한 후 [설정]을 클릭해요.

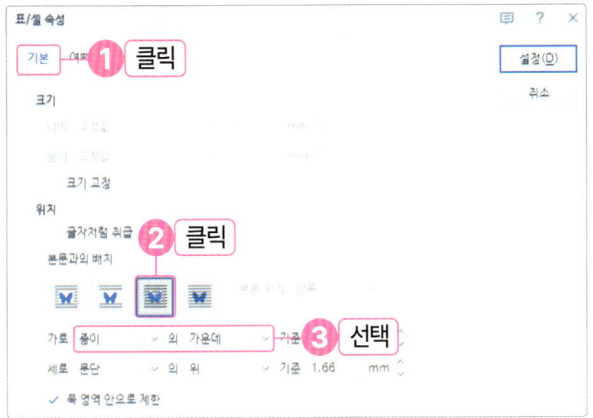 

④ 표 안의 셀이 블록 지정된 상태에서 키보드의 C를 누른 후 [셀 테두리/배경] 대화상자의 [배경] 탭에서 색(면 색(하양))을 선택한 다음 [테두리] 탭에서 테두리 종류(실선), 굵기(0.5mm), 바깥쪽(□)을 지정하고 [설정]을 클릭해요.

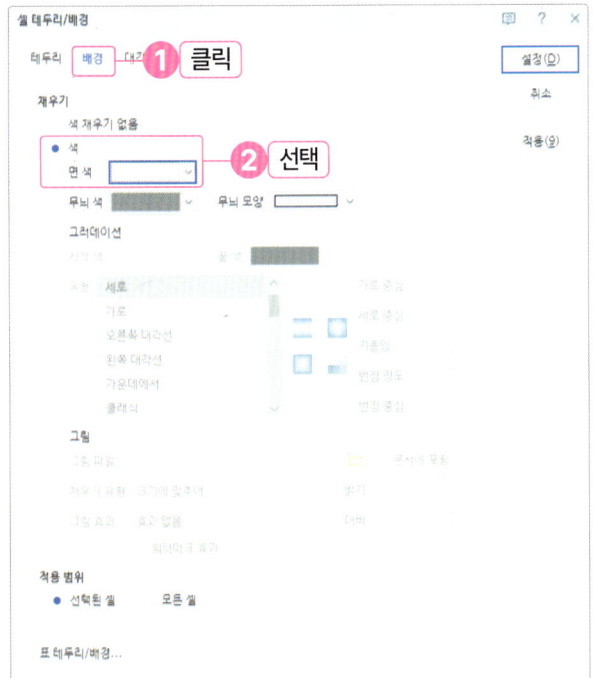 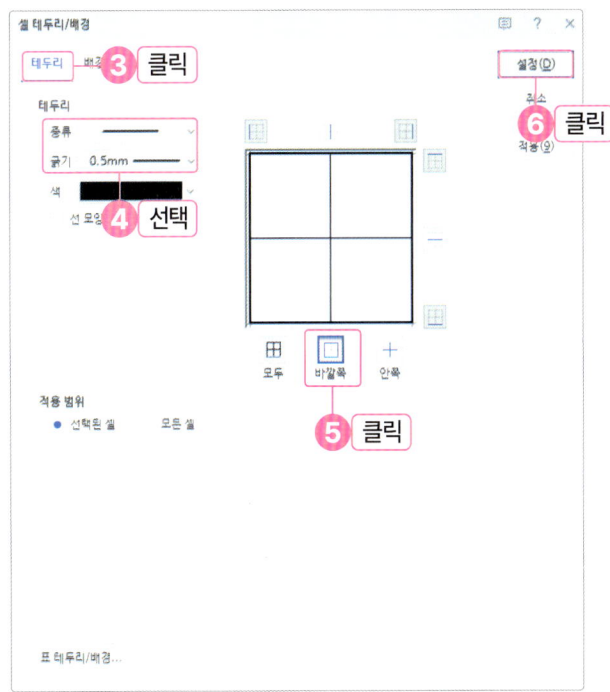

❺ 표의 크기 및 위치, 셀의 배경과 테두리가 모두 수정되면 첫 번째 줄을 드래그하여 블록 지정한 후 키보드의 M을 눌러 하나의 셀로 만들어요.

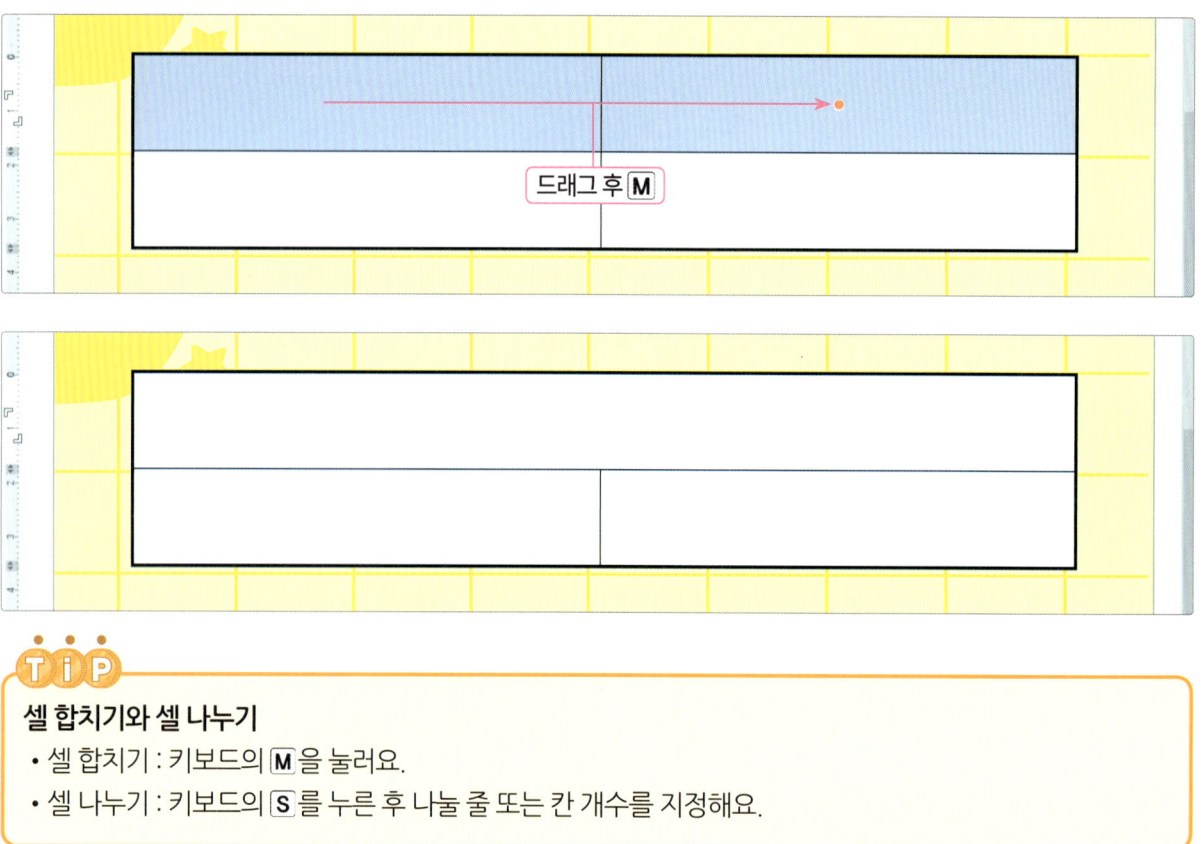

> **TIP**
> **셀 합치기와 셀 나누기**
> • 셀 합치기 : 키보드의 M을 눌러요.
> • 셀 나누기 : 키보드의 S를 누른 후 나눌 줄 또는 칸 개수를 지정해요.

❻ 표가 완성되면 내용을 입력하고 글꼴(한컴 바겐세일 B) 및 글자 크기(16), 가운데 정렬(≡) 등을 수정해요.

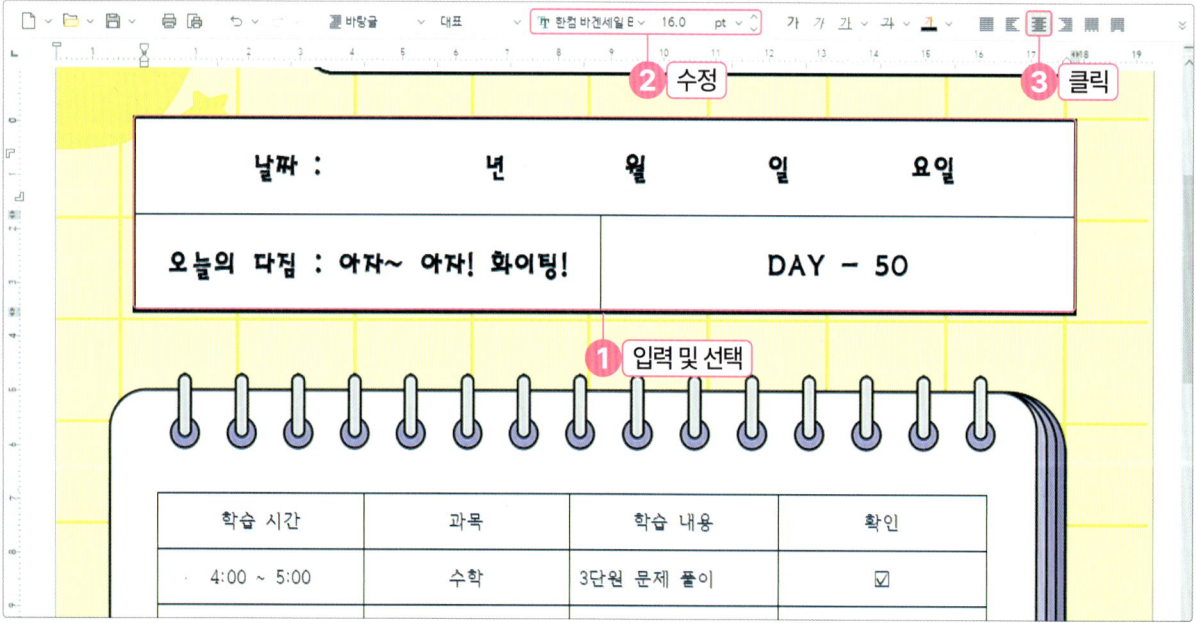

❼ 아래쪽 표의 너비를 수정하기 위해 열 너비의 경계선에 위치하여 포인터 모양이 (⬌) 모양일 때 드래그해요. 같은 방법으로 표의 너비를 수정해요.

❽ 표의 너비가 수정되면 제목행을 블록으로 지정한 후 [표 디자인( )] 탭에서 표 채우기(하늘색)를 수정하고 서식 도구상자에서 글꼴(한컴 바겐세일 B) 및 글자 크기(16pt), 글자 색(하양) 등을 수정해요.

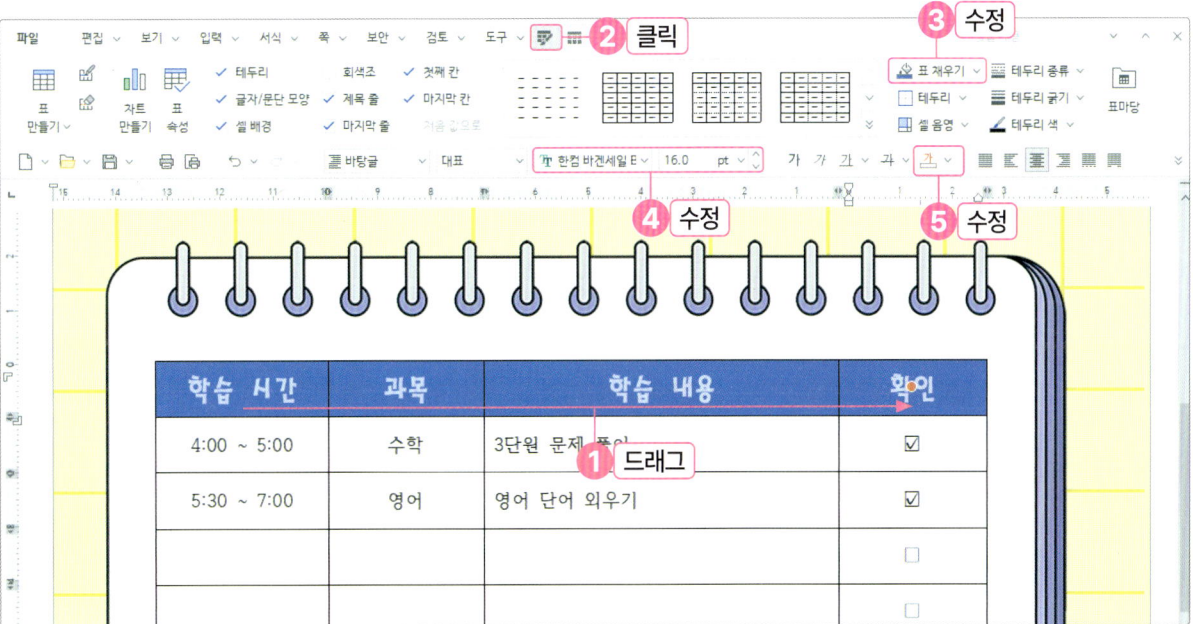

CHAPTER 17 몰입 100%! 꿈을 이루는 스터디 플랜 • 109

⑨ 표의 테두리를 수정하기 위해 표 전체를 블록으로 지정한 후 키보드의 L 을 눌러요. [셀 테두리/배경] 대화상자의 [테두리] 탭에서 종류(선 없음)를 선택하고 왼쪽( )과 오른쪽( )을 클릭한 다음 [설정]을 클릭해요.

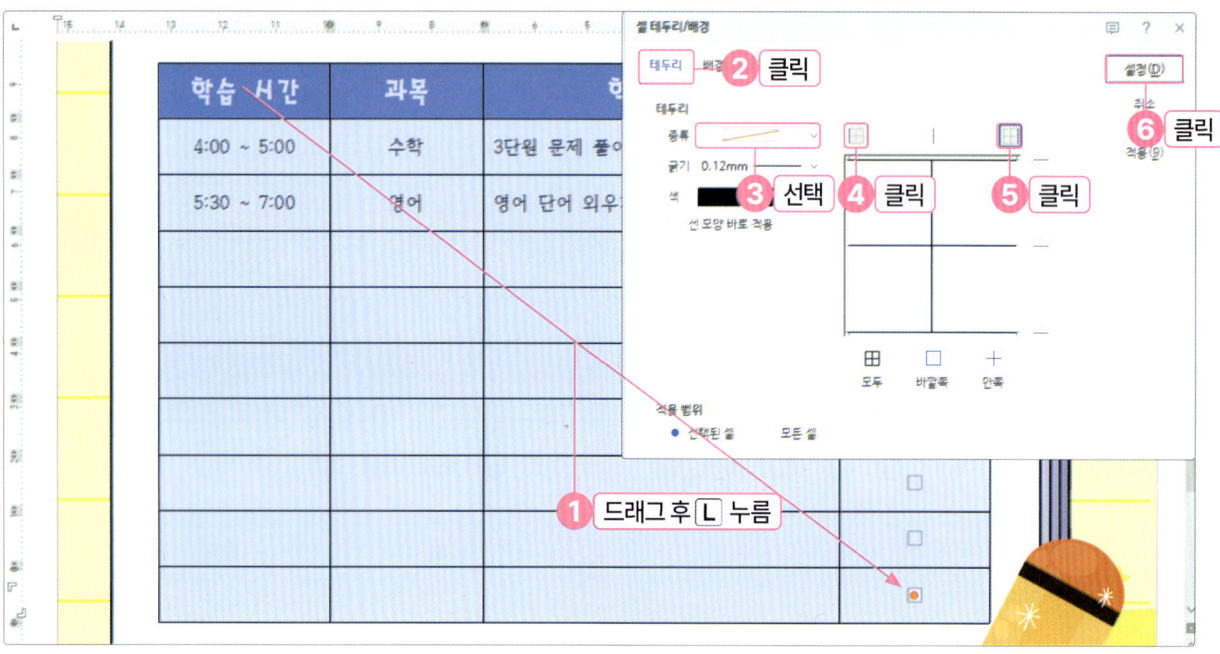

⑩ 표의 양쪽 테두리가 선 없음으로 지정된 것을 확인할 수 있어요.

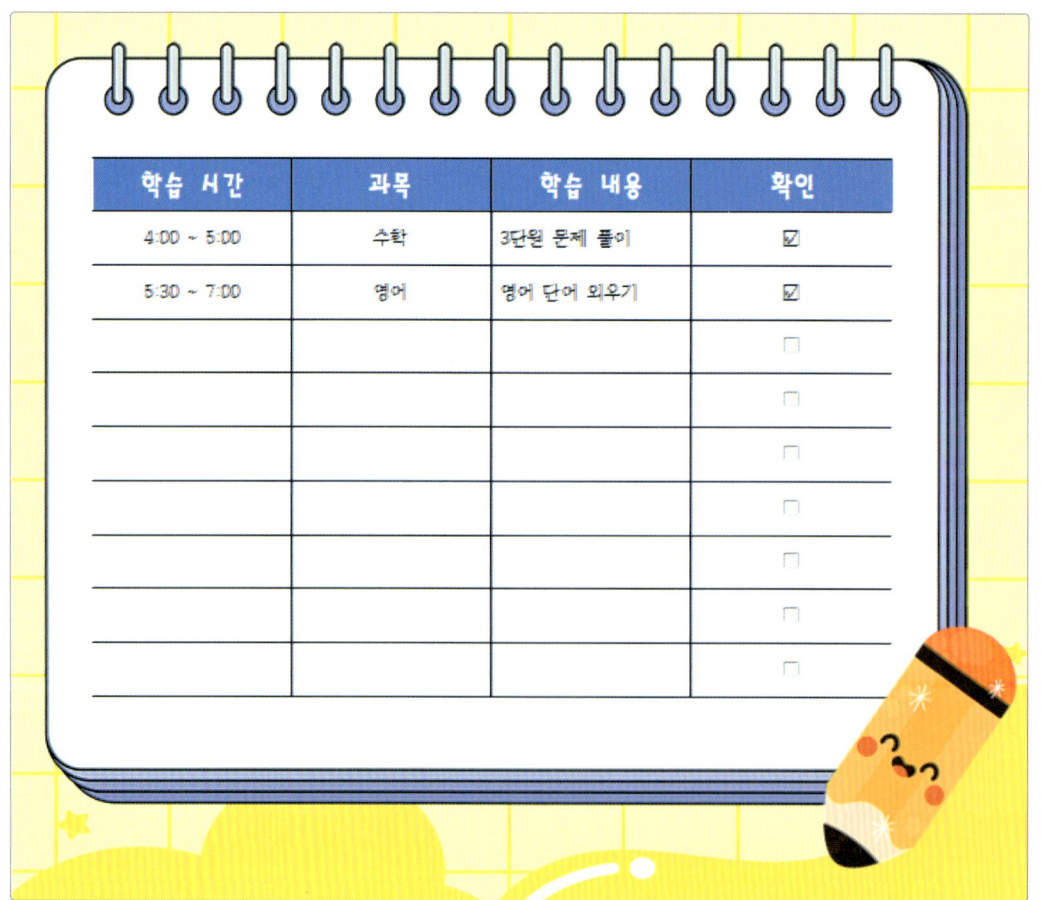

CHAPTER 17 발표 천재로 가는 길!

톡톡 학습

01 칭찬 스티커 표를 만들어 스터디 플랜 수업에 활용해 보아요.

📘 불러올 파일 : 칭찬 스티커.hwpx   📗 완성된 파일 : 칭찬 스티커_완성.hwpx

[작성 조건]

① [입력]-[표]를 클릭한 후 6칸 × 5줄에서 [표 만들기]를 클릭해요.

② 표 안에 숫자를 입력하고 글꼴(HY동녘B), 글자 크기(20pt), 글자 색(회색), 가운데 정렬(≡)로 수정해요.

③ 바깥쪽 표 테두리의 굵기(1mm)를 수정해요.

④ [입력]-[타원]을 클릭한 후 더블클릭한 다음 [개체 속성] 대화상자에서 크기(너비/높이-20mm), 선(선 없음), 채우기(그림)를 설정해요.

CHAPTER

18 내가 만드는 미디어 세상!!!

학습 목표
- 한글 문서에 동영상을 삽입할 수 있어요.
- 개체의 순서를 변경하고 크기를 조절할 수 있어요.

🏆 **미리 보기** 이렇게 만들어 보아요   ■ 불러올 파일 : 미디어 세상.hwpx   ■ 완성된 파일 : 미디어 세상_완성.hwpx

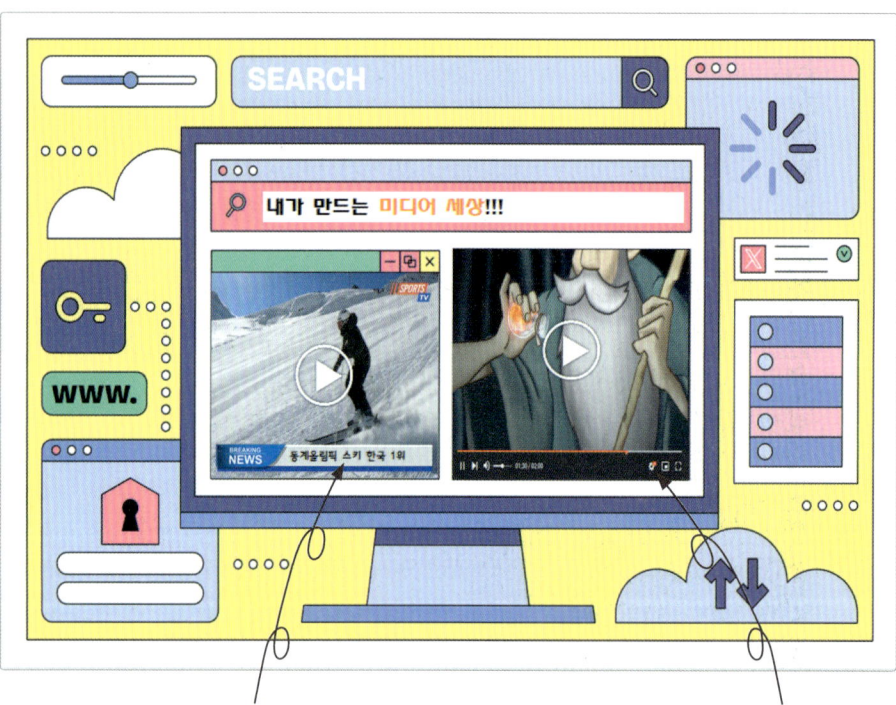

① **동영상 삽입** : [입력] 탭 → [멀티미디어] 클릭 → [동영상] 클릭 → 파일 선택 → 문서에 삽입

② **개체 순서 변경** : 개체 선택 → [개체] 탭 → [맨 앞으로], [맨 뒤로], [앞으로 한 단계], [뒤로 한 단계] 클릭

▶ 호기심 챗 GPT

미디어는 우리에게 많은 즐거움을 줘요. 재미있는 동영상과 노래를 보며 새로운 것을 쉽게 배울 수 있고, 멀리 있는 가족이나 친구들과 영상 통화를 하며 이야기할 수도 있어요. 하지만 미디어를 너무 오래 보면 눈이 아프고 피곤해질 수 있어요. 또, 재미있는 영상만 계속 보면 공부하거나 친구들과 노는 시간이 줄어들 수도 있어요. 그래서 우리는 미디어를 적당한 시간만 사용하고, 쉬는 시간도 꼭 가지는 것이 중요해요!

 ## 동영상을 삽입해요.

❶ [미디어 세상.hwpx] 파일을 실행한 후 [입력] 탭-[멀티미디어]-[동영상]을 클릭한 다음 [동영상 넣기] 대화상자가 나타나면 [동영상 파일 선택(📁)]을 클릭해요.

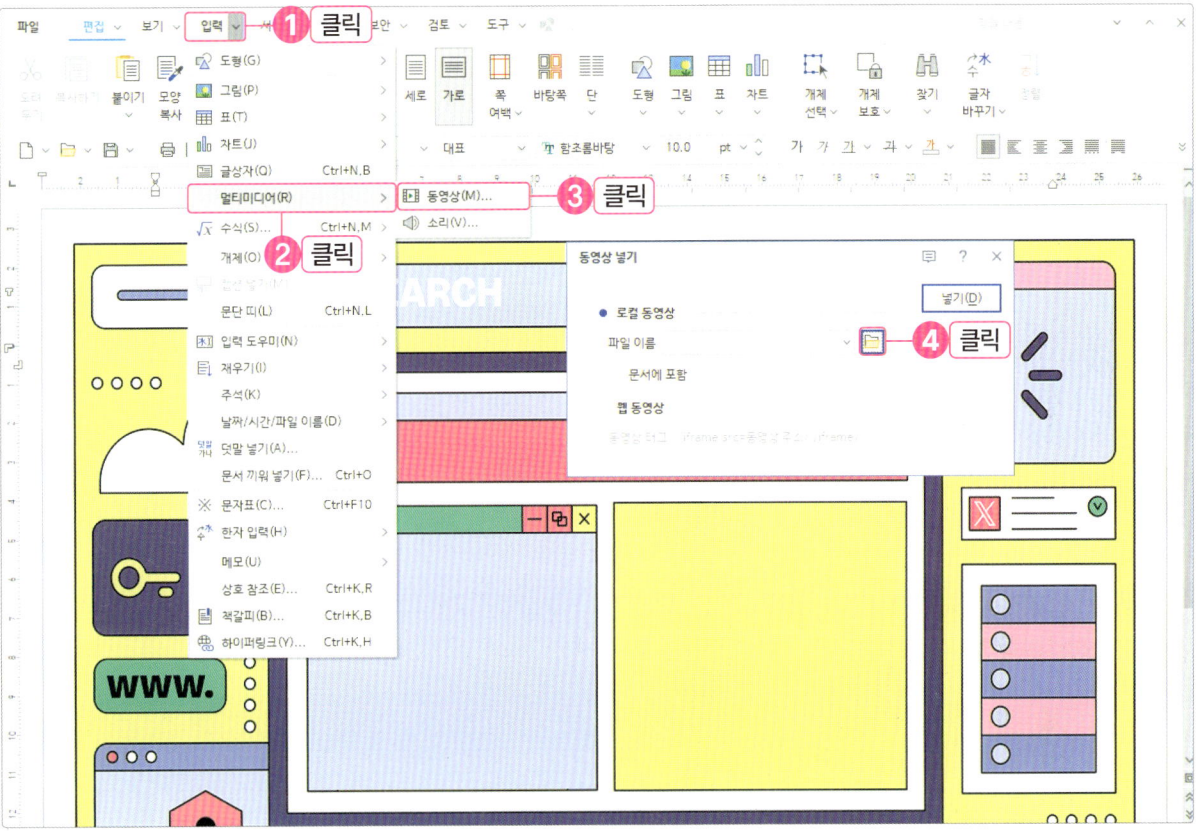

❷ [동영상 넣기] 대화상자가 나타나면 [18차시]-[불러올 파일] 폴더의 [스키.mp4] 동영상 파일을 선택한 다음 [열기]를 클릭해요. [동영상 넣기] 대화상자의 [문서의 포함]을 클릭하여 체크한 후 [넣기]를 클릭해요.

 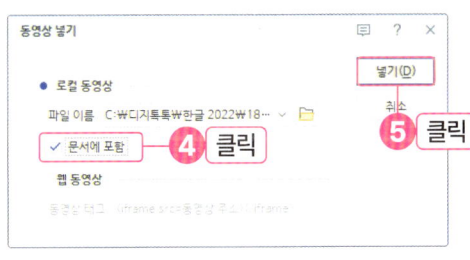

CHAPTER 18 내가 만드는 미디어 세상!!! • 113

❸ 삽입한 동영상 파일을 그림과 같이 이동한 후 크기를 수정해요.

❹ 같은 방법으로 [마법사.mp4] 동영상 파일을 삽입한 후 위치와 크기를 수정해요.

2 글상자와 그림을 삽입해요.

① [입력] 탭-[가로 글상자(📄)]를 클릭한 후 드래그하여 글상자를 삽입한 다음 내용을 입력하고 글꼴(HY수평선B) 및 글자 크기(18pt), 글자 색('미디어 세상'-주황), 도형 윤곽선(없음) 등을 수정해요.

② [입력] 탭-[그림(🌷)]을 클릭한 후 [이미지] 폴더의 [돋보기] 그림 파일을 삽입해요. [그림(🌱)] 탭에서 [앞으로]-[맨 앞으로], [회전]-[좌우 대칭]을 클릭해요.

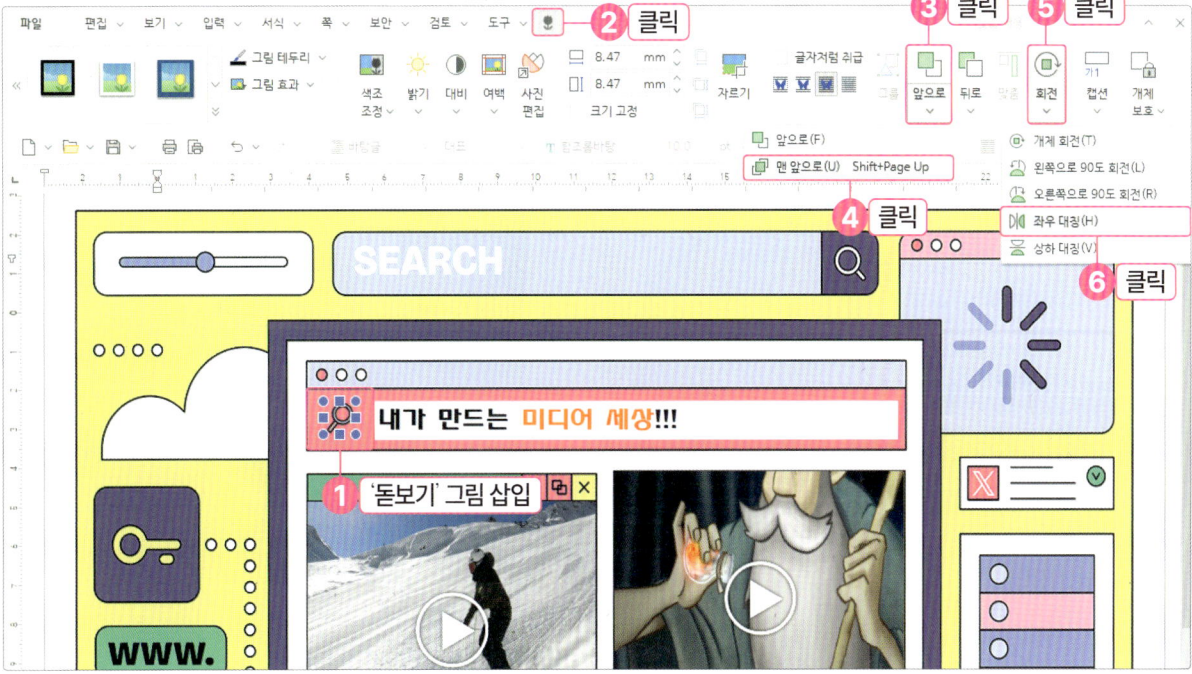

CHAPTER 18 내가 만드는 미디어 세상!!! • **115**

❸ 같은 방법으로 동영상 위에 [자막], [로고2], [화면] 그림 파일을 삽입하고 크기를 조절한 다음 [화면] 그림 파일은 [그림( )] 탭에서 본문과의 배치(글 뒤로( ))를 선택해요.

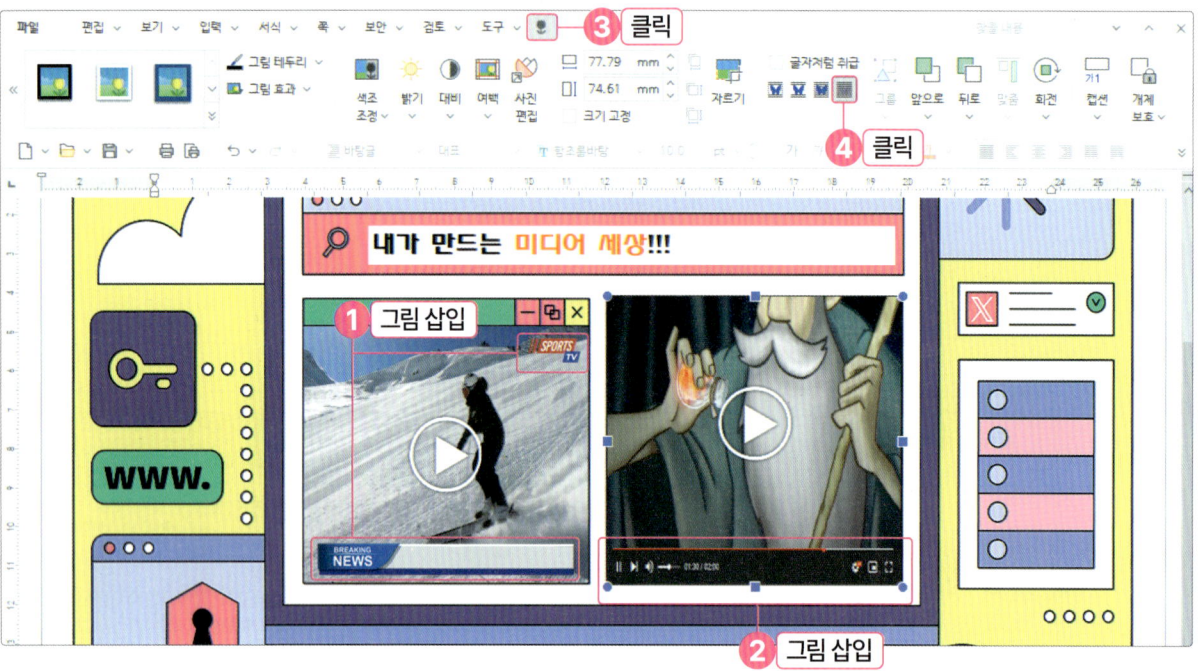

❹ 뉴스 자막을 넣기 위해 [입력] 탭의 [가로 글상자( )]를 삽입한 후 기사 내용(동계올림픽 스키 한국 1위)을 입력하고 글꼴(한컴 윤고딕240), 글자 크기(10pt), 도형 윤곽선(없음), 도형 채우기 (없음)으로 수정해요.

CHAPTER 18 발표 천재로 가는 길!

톡톡 학습

01 동영상을 삽입하여 멋진 생일 축하 영상을 만들어 보아요.

■ 불러올 파일 : 영화 초대권.pptx   ■ 완성된 파일 : 영화 초대권_완성.pptx

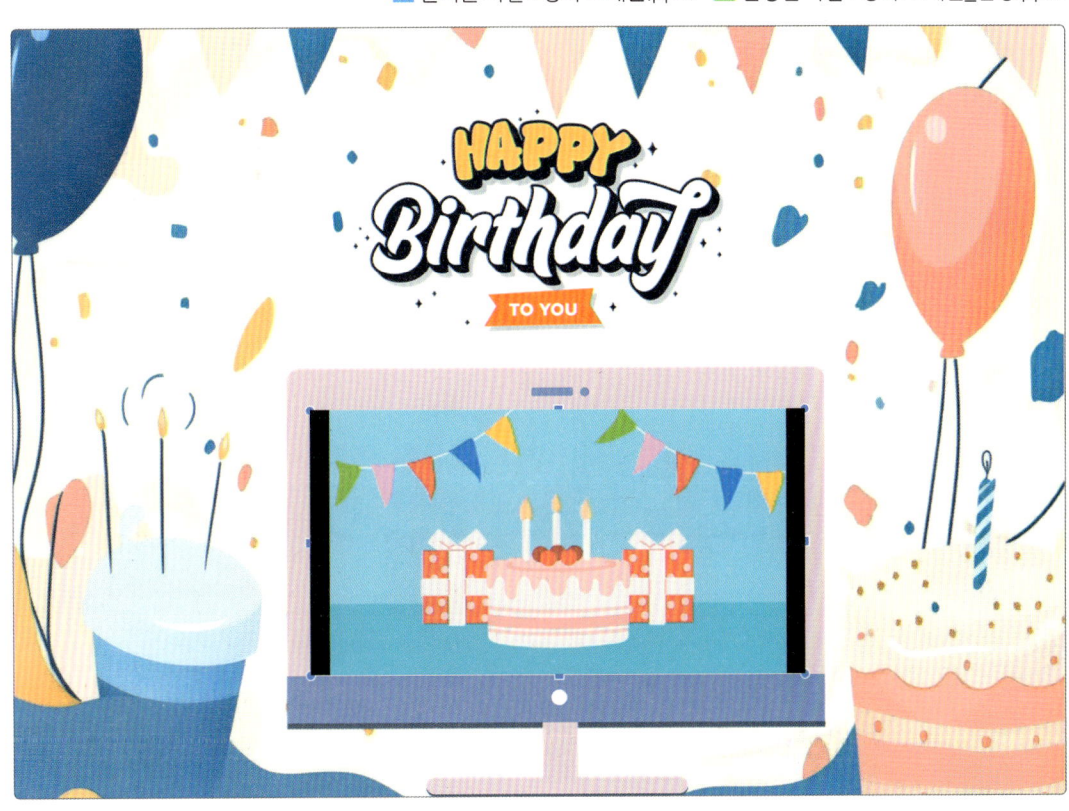

02 아래한글 문서에 삽입할 수 있는 동영상 파일 형식이 아닌 것은 무엇일까요?

① MP4

② AVI

③ JPG

④ WMV

CHAPTER 19
딸~깍!! 하이퍼링크 순간이동

학습 목표
- 모서리 둥근 사각형으로 변형할 수 있어요.
- 책갈피를 삽입하고 하이퍼링크를 설정할 수 있어요.

미리 보기 이렇게 만들어 보아요   ■ 불러올 파일 : 방과후.hwpx   ■ 완성된 파일 : 방과후_완성.hwpx

② **하이퍼링크 설정** : 단어나 개체 선택 → [입력] 탭 →
[하이퍼링크] 클릭 → 연결 대상 선택 → [넣기] 클릭

① **책갈피 설정** : 커서를 위치 →
[입력] 탭 → [책갈피] 클릭 →
이름 입력 → [넣기] 클릭

▶ **호기심 챗 GPT**

하이퍼링크(Hyperlink)는 문서 속에서 클릭만 하면 바로 다른 곳으로 이동할 수 있는 마법의 링크에요!
하이퍼링크를 사용하면 원하는 웹사이트, 문서, 이메일 등 다양한 목적지로 빠르게 이동할 수 있어요.
주로 파란색 밑줄이 그어진 글자로 표시되어 있어요.

1 직사각형을 모서리 둥근 사각형으로 변경해요.

❶ [방과후.hwpx] 파일을 실행한 후 2페이지에 삽입된 직사각형 도형을 더블클릭해요. [개체 속성]-[선] 탭에서 사각형 모서리 곡률의 [곡률 지정(10%)]을 선택 및 입력하고 [설정]을 클릭해요.

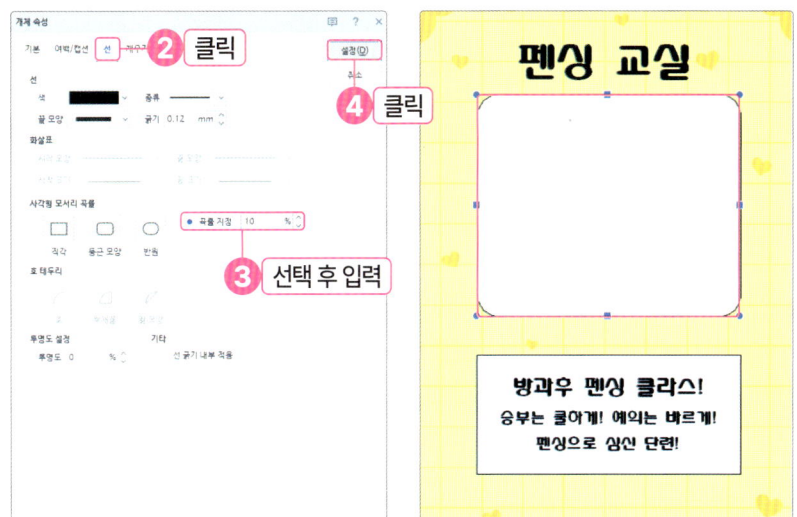

> **TiP**
> **모서리 곡률의 퍼센트(%)**
> 모서리 곡률은 퍼센트(%)가 클수록 모서리가 더 둥글어지고, 작을수록 각진 형태로 변형돼요.

❷ [입력] 탭-[그림( )]을 클릭한 후 [19차시]-[불러올 파일] 폴더의 [펜싱] 그림 파일을 삽입한 다음 [그림( )] 탭에서 크기와 위치를 수정해요.
※ 그림 설정 : 너비(143mm), 높이(85mm), 본문과의 배치(글 앞으로( ))

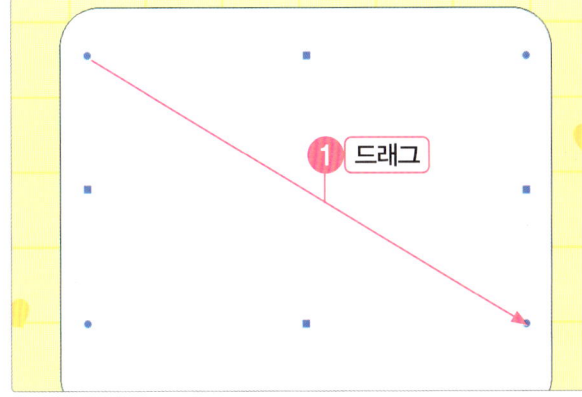
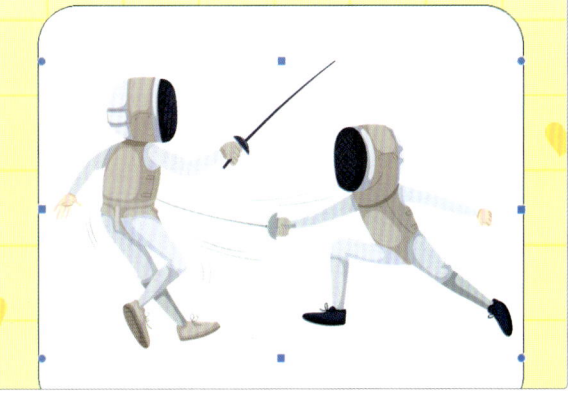

CHAPTER 19 딸~깍!! 하이퍼링크 순간이동 • 119

❸ 아래 글 상자를 더블클릭한 후 곡률지정(10%)을 수정해요. 이어서 [도형( )] 탭의 도형 채우기(검정)를 선택하고 제목의 글자 색(노랑), 내용의 글자 색(하양)을 수정해요.

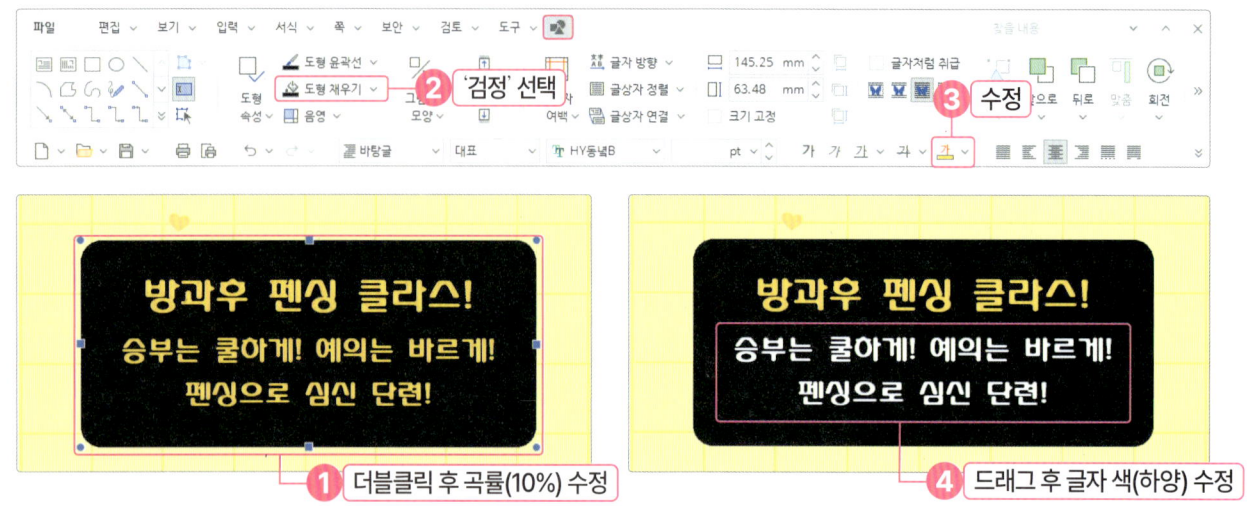

❹ [입력] 탭-[그림( )]을 클릭한 후 [19차시]-[불러올 파일] 폴더의 [당근(1)]과 [당근(2)] 그림 파일을 삽입한 다음 [개체 회전( )] 및 [본문과의 배치(글 앞으로( ))]를 지정해요.

 ## 책갈피를 삽입한 후 하이퍼링크를 설정해요.

① 2페이지의 빈 공간을 클릭한 후 [입력] 탭-[책갈피( )]를 클릭해요. [책갈피] 대화상자가 나타나면 책갈피 이름(펜싱 교실)을 입력한 다음 [넣기]를 클릭해요.

② 같은 방법으로 3페이지~6페이지까지 각각의 프로그램 제목으로 책갈피 이름을 입력한 다음 [넣기]를 클릭해요.

 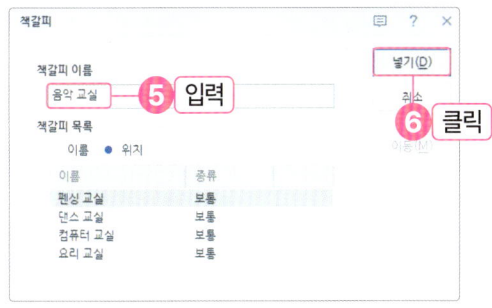

책갈피 이름 바꾸기 및 삭제하기

- 책갈피 이름을 수정하거나 삭제할 때 사용해요.
- 책갈피의 이름을 바꾸거나 삭제하면 그 책갈피로 이동하는 하이퍼링크도 작동하지 않아요.

❸ 1페이지의 [펜싱] 아이콘 그림을 클릭한 후 [입력] 탭-[하이퍼링크(🌐)]를 클릭해요. [하이퍼링크] 대화상자가 나타나면 연결 대상을 [한글 문서]-[펜싱 교실]로 선택한 다음 [넣기]를 클릭해요.

하이퍼링크 고치기, 지우기

- 하이퍼링크 고치기 : 하이퍼링크를 수정할 수 있어요.
- 하이퍼링크 지우기 : 하이퍼링크를 삭제할 수 있어요.

❹ 같은 방법으로 하이퍼링크를 넣은 후 하이퍼링크를 실행하기 위해 키보드의 Ctrl 을 누른 상태에서 펜싱 아이콘 그림을 클릭한 후 펜싱 교실 책갈피가 삽입된 위치로 이동하는 것을 확인해요.

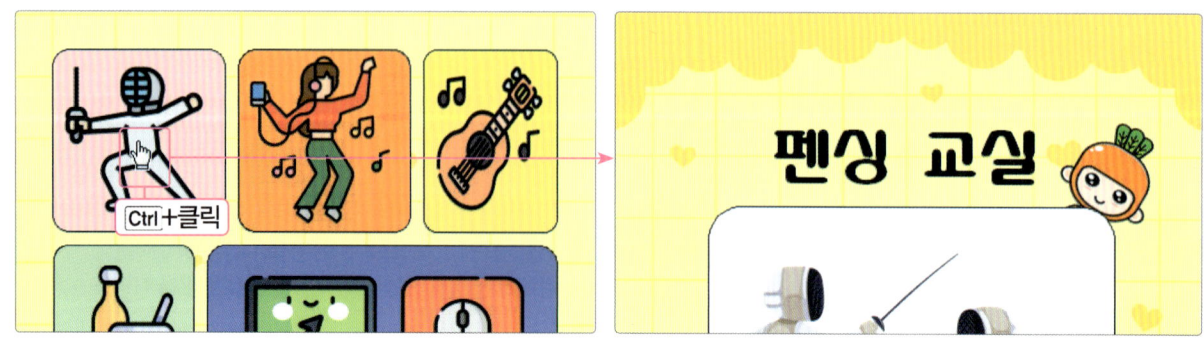

CHAPTER 19 발표 천재로 가는 길!

톡톡 학습

01 [포춘쿠키.hwpx] 파일을 실행한 후 책갈피를 삽입한 다음 하이퍼링크를 연결해 보아요.

[작성 조건]

- 책갈피 이름 : "기쁜일", "시간낭비", "이겨내", "행운"
- 하이퍼링크 : 임의 지정

📘 불러올 파일 : 포춘쿠키.hwpx 📗 완성된 파일 : 포춘쿠키_완성.hwpx

CHAPTER 19 딸~깍!! 하이퍼링크 순간이동 • 123

CHAPTER 20 특종 대방출! 우리 가족 뉴스룸

학습 목표
- 가족신문에 머리말과 쪽 번호를 넣을 수 있어요.
- 다단 설정으로 페이지 영역을 나눌 수 있어요.
- 문단 첫 글자 장식으로 글자 모양을 설정할 수 있어요.

미리 보기 · 이렇게 만들어 보아요

📂 불러올 파일 : 가족신문.hwpx 📂 완성된 파일 : 가족신문_완성.hwpx

① **머리말 삽입** :
[쪽] 탭 → [머리말] 클릭 → [머리말/꼬리말] 클릭 → 머리말 영역에 내용 입력

③ **문단 첫 글자 장식** :
문단 첫 글자에 커서 → [서식] 탭 → [첫 글자 장식] 클릭 → 모양, 글꼴 설정 → [설정] 클릭

② **쪽 번호 삽입** : [쪽] 탭 → [쪽 번호 매기기] 클릭 → 위치와 모양 선택 → [설정] 클릭

▶ 호기심 챗 GPT

가족 신문 만들기는 가족을 더 잘 이해하고 소중한 추억을 기록하는 활동이에요. 신문을 만들며 글쓰기 실력과 창의력이 자라고, 가족과 협력하는 즐거움도 느낄 수 있어요. 가족의 이야기를 직접 인터뷰하고 꾸미면서 특별한 신문을 완성할 수 있어요. 완성된 신문은 오래 간직하며 추억을 되새길 소중한 보물이 될 거예요.

1. 머리말과 쪽 번호를 넣어요.

❶ [가족신문.hwpx] 파일을 실행한 후 [쪽]-[머리말]-[머리말/꼬리말]을 클릭해요. [머리말/꼬리말] 대화상자가 나타나면 종류의 [머리말]을 선택한 후 [만들기]를 클릭해요.

❷ 머리말 영역에 내용을 입력한 후 글꼴(휴먼고딕), 글자 크기(12pt), 오른쪽 정렬(▤)을 클릭한 다음 [닫기(⊗)]를 클릭해요.

❸ 쪽 번호 삽입을 위해 [쪽] 탭의 [쪽 번호 매기기]를 클릭한 후 [번호 위치] 및 [번호 모양] 등을 선택한 다음 [넣기]를 클릭하여 문서 하단에 번호가 삽입된 걸 확인해요.

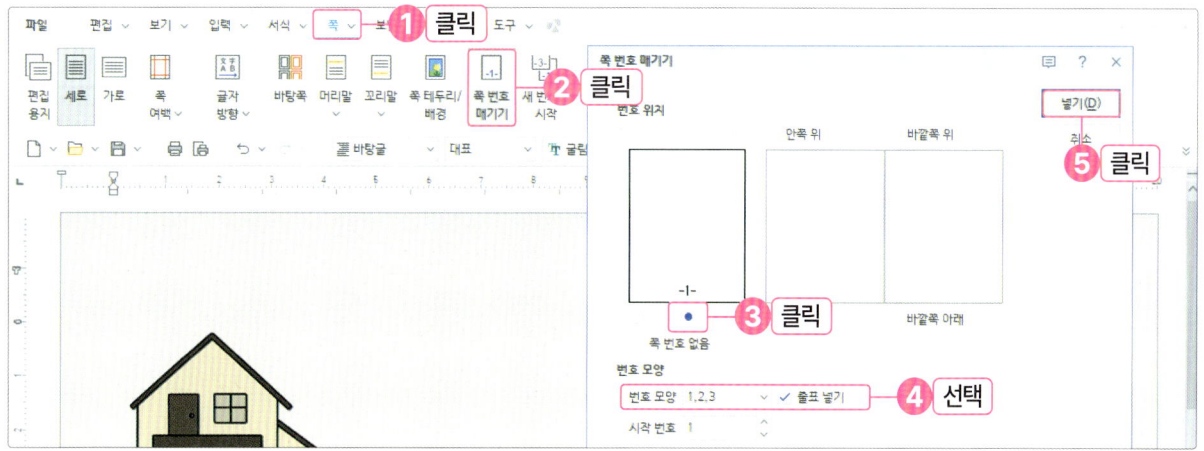

2 글맵시 삽입과 다단 설정을 해요.

❶ [입력] 탭-[글맵시( )]를 클릭한 후 [글맵시 만들기] 대화상자에서 내용(가족신문) 및 글맵시 모양( ) 및 글꼴(HY헤드라인M)을 선택한 다음 [설정]을 클릭해요.

❷ 글맵시가 삽입되면 이동 및 크기를 수정한 후 [글맵시( )] 탭에서 글맵시 채우기(검정), 본문과의 배치(글 앞으로( ))를 선택해요.

③ 다단 설정할 영역을 블록으로 지정한 후 [쪽] 탭의 [단]-[다단 설정]을 클릭해요. [다단 설정] 대화 상자가 나타나면 모양(둘), 구분선 넣기를 클릭하여 체크한 후 [설정]을 클릭해요.

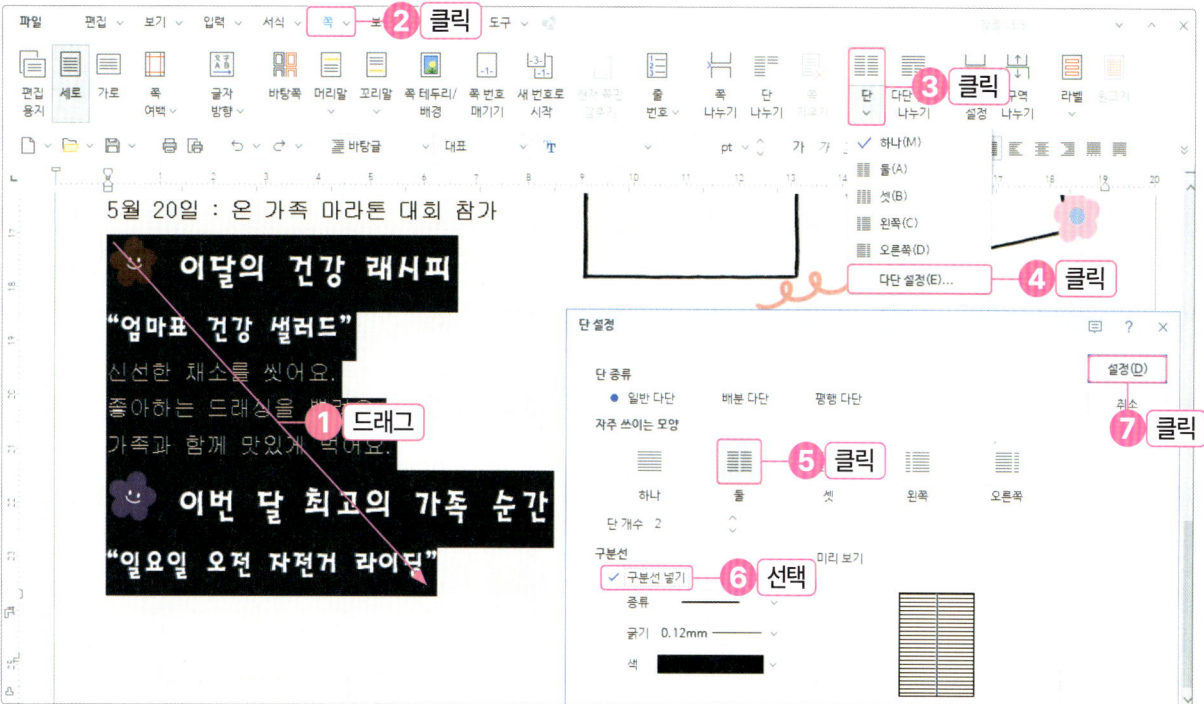

④ 키보드의 Shift + Enter 를 눌러 다음과 같이 줄을 나누어 '이달의 건강 래시피'와 '이번 달 최고의 가족 순간' 항목이 나누어 지도록 수정해요.

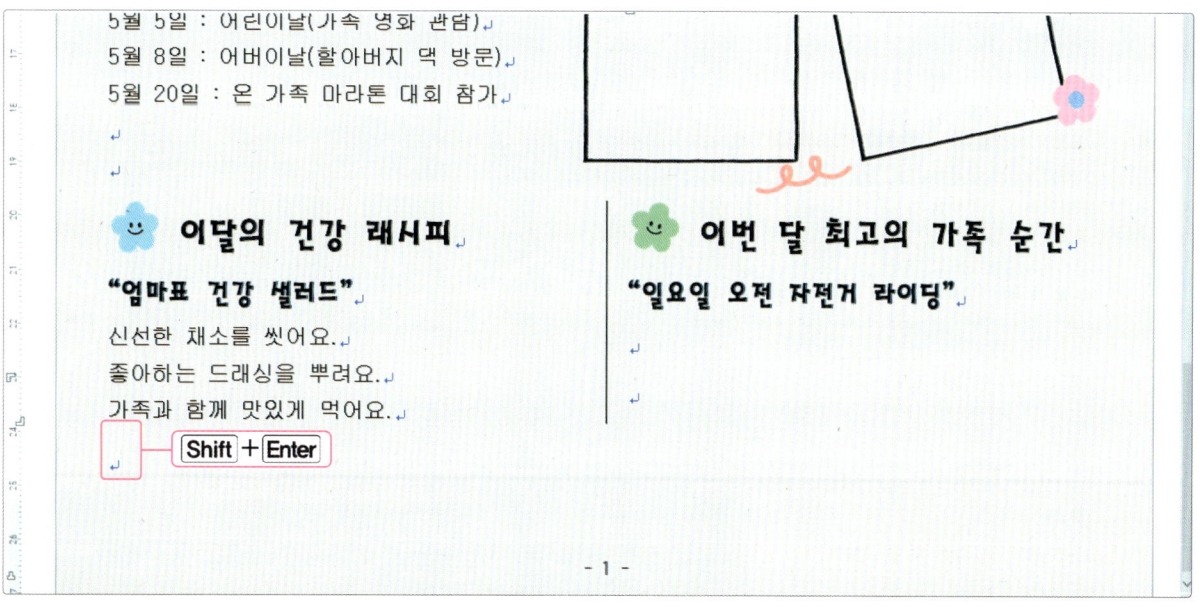

TIP
다단 설정 영역에서 줄바꿈할 때 키보드의 Shift + Enter 를 눌러요.

문단 첫 글자 장식 설정과 글머리 기호를 삽입해요.

① 문단 글자 맨 앞에 커서를 클릭한 후 [서식] 탭의 목록 버튼을 클릭한 다음 [문단 첫 글자 장식]을 클릭해요. 대화상자가 나타나면 모양(2줄), 글꼴(HY동녘B)을 선택하고 [설정]을 클릭해요.

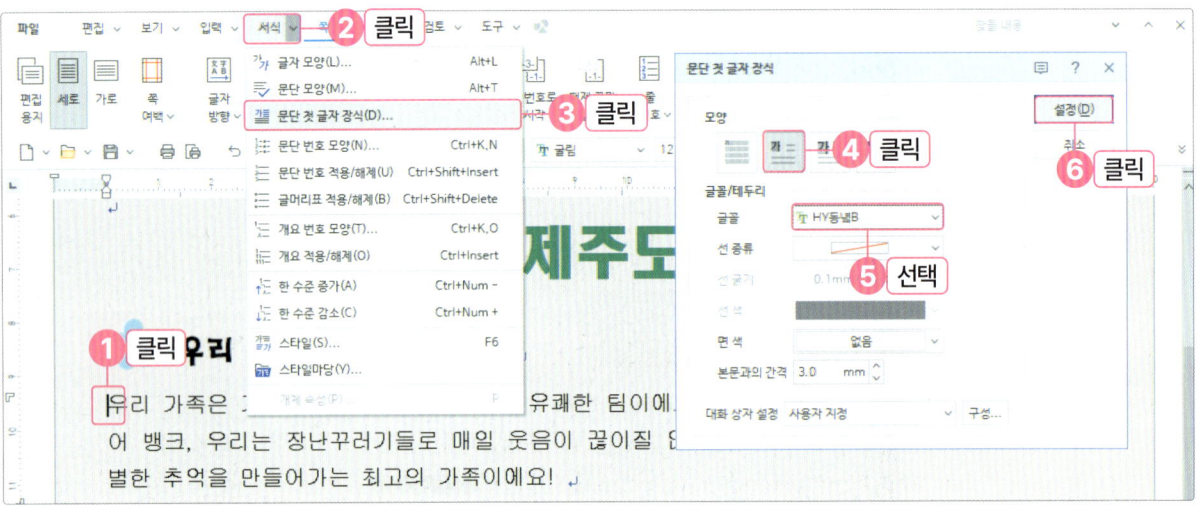

② 문단 첫 글자 장식을 설정한 후 글자색(빨강)을 수정하고 아래 문단 영역에 따라 블록으로 지정한 다음 [서식] 탭의 [글머리표(≔)] 및 [문단 번호(≔)]를 이용하여 글머리표 및 문단 번호를 삽입해요.

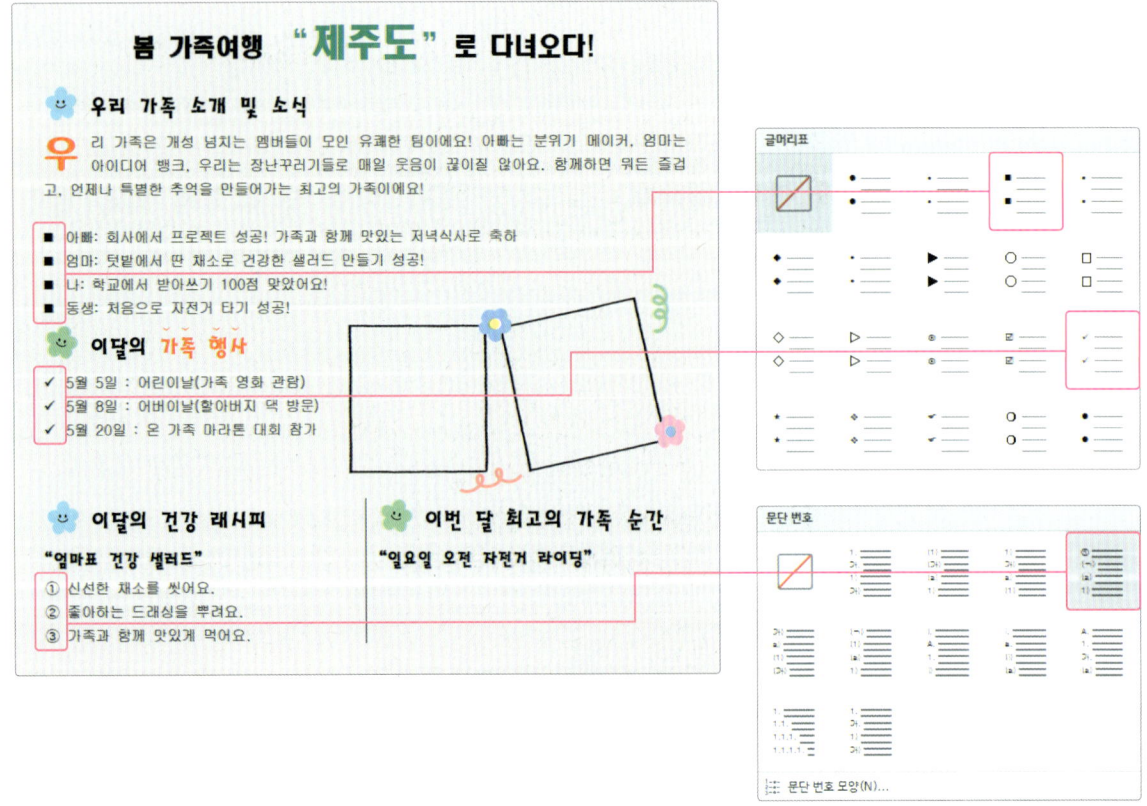

 ## 그림을 삽입해요.

❶ [입력] 탭의 [그림(🖼)]을 클릭한 후 [20차시]-[이미지] 폴더에서 [비행기] 그림파일을 삽입해요. 삽입한 그림을 이동 및 크기 조절한 후 [그림(🌷)] 탭에서 [회전]-[개체 회전(◉)]을 이용해서 그림을 회전해요.

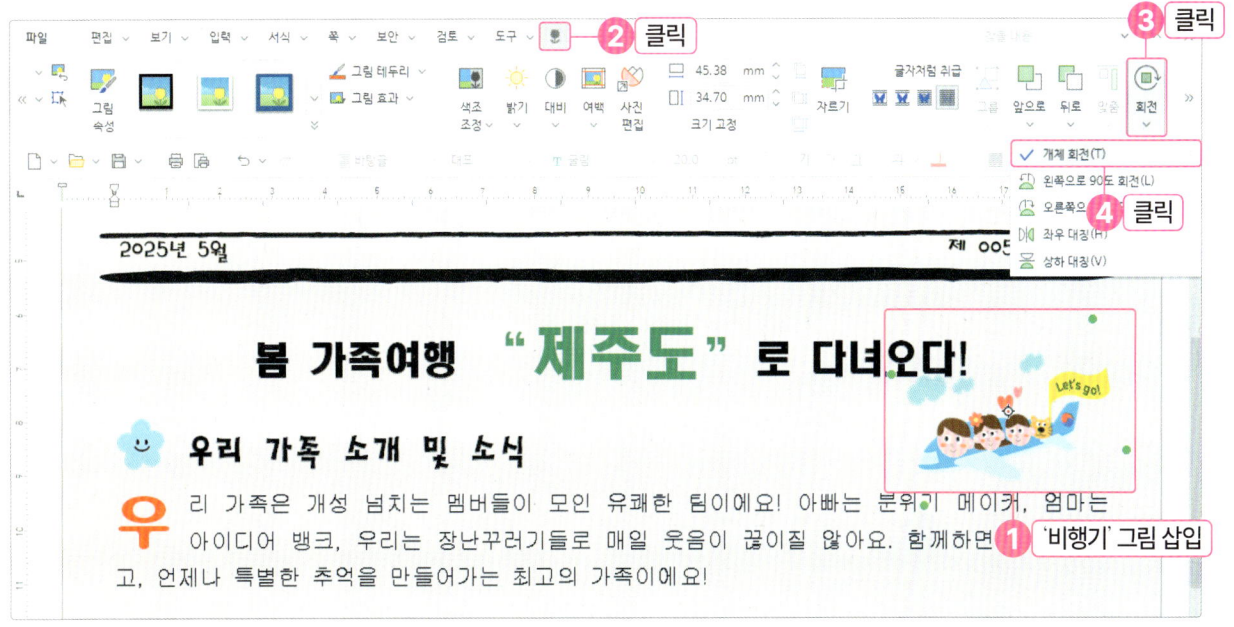

❷ 그림자를 지정하기 위해 [그림(🌷)] 탭에서 [그림 효과]-[그림자]-[대각선 오른쪽 아래(🖼)]를 클릭해요.

❸ 같은 방법으로 [입력] 탭의 [그림( )]을 클릭한 후 [20차시]-[이미지] 폴더의 그림을 삽입하고 특정 그림에 [그림 효과]를 지정해요.

> **TIP**
> 그림과 글자를 함께 위치하기 위해 [개체 속성]-[본문과의 배치]-[어울림]으로 설정해요.

CHAPTER 20 발표 천재로 가는 길!

톡톡 학습

※ 다음 문제를 읽고 정답을 찾아 보아요.

01 그림을 문서에 삽입한 후, 글과 자연스럽게 어울리도록 배치하는 기능은 무엇일까요?

① 개체 속성 → 글자처럼 취급
② 개체 속성 → 어울림 설정
③ 편집 → 그림 서식
④ 도구 → 문단 정렬

02 문단의 첫 글자에 장식을 추가하려면 어떤 메뉴에서 설정할 수 있을까요?

① 보기 → 첫 글자 장식
② 서식 → 문단 첫 글자 장식
③ 입력 → 글자 모양
④ 도구 → 문단 스타일

03 문서에 삽입된 그림을 회전시키려면 어떤 기능을 사용해야 할까요?

① 그림 서식 → 회전
② 삽입 → 회전
③ 개체 → 회전 효과
④ 편집 → 회전 및 크기 조정

04 머리말을 추가하는 단축키는 무엇일까요?

① Ctrl + N, H
② Alt + N, N
③ Ctrl + Shift + H
④ Ctrl + F1

05 다음 단축키의 기능을 적어 주세요.

① Ctrl + N, N (　　　　　)
② Alt + S (　　　　　)
③ Ctrl + N, T (　　　　　)
④ 개체 선택 후 P (　　　　　)

CHAPTER 21 찰칵! 찰칵! 나의 방학 스토리

한글~check! 이만큼 배웠어요!

01 신나는 여름방학! 재미있는 이야기로 나만의 특별한 추억을 만들어 보아요.

📁 완성된 파일 : 방학 스토리_완성.hwpx

🏆 **미리 보기**   이렇게 만들어 보아요

🔑 찰칵! 찰칵! 나의 방학 스토리 만드는 방법

❶ 용지 여백을 설정해요.

위쪽 20.0mm, 머리말 0.0mm, 왼쪽 5.0mm, 오른쪽 5.0mm

꼬리말 0.0mm. 아래쪽 15.0mm

❷ [쪽]-[쪽 테두리/배경]-[배경/탭-그림]을 클릭한 후 [이미지] 폴더에서 [방학배경] 그림 파일을 삽입해요.

❸ 직사각형을 삽입한 후 [개체 속성]에서 서식을 변경해요.

- [기본]-[위치]-[본문과의 배치-글 앞으로]
- [선]-[선 색]-[검정 25% 밝게], [선 굵기-1.00mm]
- [채우기]-[그림]-[여자 아이(수박).png]

❹ 글맵시를 입력한 후 서식을 변경해요.

[글맵시 꾸러미]-[밤색 그러데이션, 연황투색 그림자, 아래로 넓은 원통 모양] 삽입해요.

- [기본]-[위치]-[본문과의 배치-글 앞으로]
- [글맵시]-[문단 정렬-가운데 정렬(≡)]

❺ 도형안에 채우기 색과 그림을 삽입해요.

❻ 삽입한 그림을 다양하게 편집해요.

- [입력]-[그림]-[마우스로 크기 지정]을 클릭한 후 [선풍기] 삽입
- [사진 편집]-[투명 효과]-하늘색 부분 클릭한 후 적용
- [크기]-[임의 지정], [위치]-완성 그림 참조

CHAPTER 22 초성 속에 숨은 속담을 맞혀라!

한글~check! 이만큼 배웠어요!

01 속담의 힌트를 입력하고 초성 속에 숨은 속담을 맞혀 보아요.

■ 불러올 파일 : 초성 속담.hwpx   ■ 완성된 파일 : 초성 속담_완성.hwpx

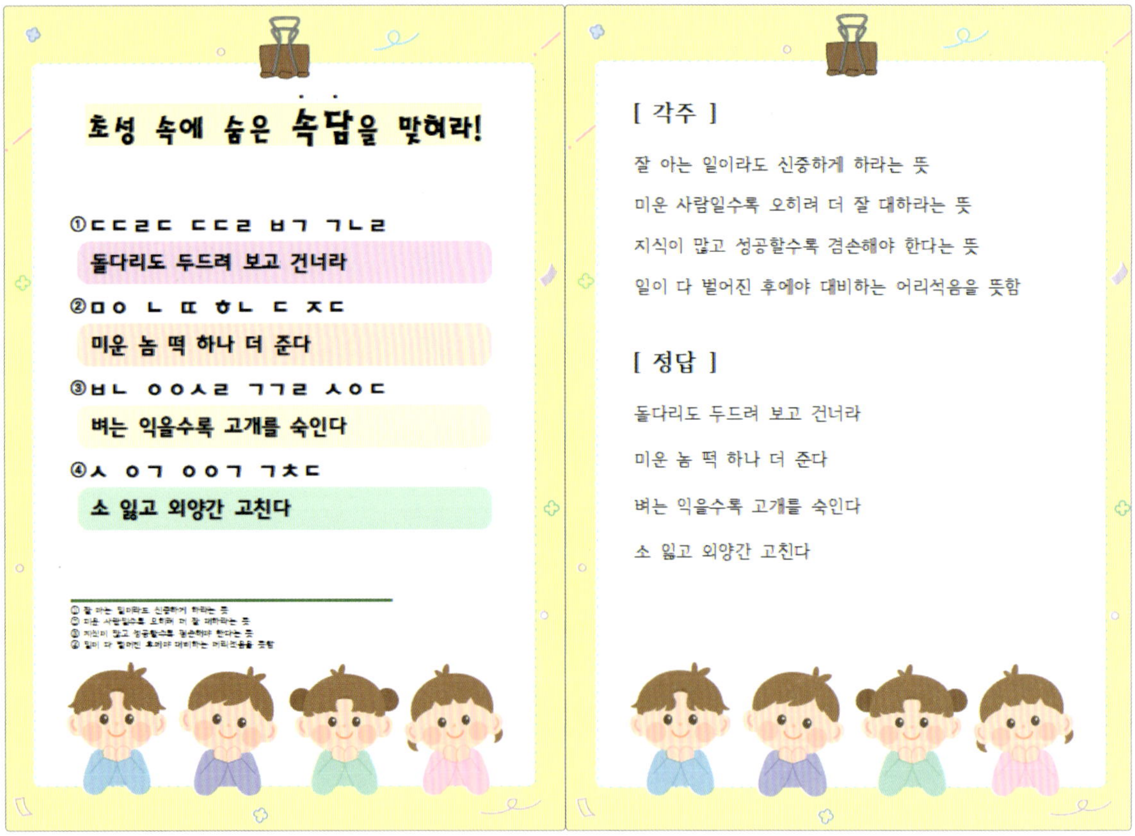

미리 보기 이렇게 만들어 보아요

초성 속에 숨은 속담을 맞혀라!

① ㄷㄷㄹㄷ ㄷㄷㄹ ㅂㄱ ㄱㄴㄹ
돌다리도 두드려 보고 건너라

② ㅁㅇ ㄴ ㄸ ㅎㄴ ㄷ ㅈㄷ
미운 놈 떡 하나 더 준다

③ ㅂㄴ ㅇㅇㅅㄹ ㄱㄱㄹ ㅅㅇㄷ
벼는 익을수록 고개를 숙인다

④ ㅅ ㅇㄱ ㅇㅇㄱ ㄱㅊㄷ
소 잃고 외양간 고친다

① 잘 아는 일이라도 신중하게 하라는 뜻
② 미운 사람일수록 오히려 더 잘 대하라는 뜻
③ 지식이 많고 성공할수록 겸손해야 한다는 뜻
④ 일이 다 벌어진 후에야 대비하는 어리석음을 뜻함

[각주]

잘 아는 일이라도 신중하게 하라는 뜻
미운 사람일수록 오히려 더 잘 대하라는 뜻
지식이 많고 성공할수록 겸손해야 한다는 뜻
일이 다 벌어진 후에야 대비하는 어리석음을 뜻함

[정답]

돌다리도 두드려 보고 건너라
미운 놈 떡 하나 더 준다
벼는 익을수록 고개를 숙인다
소 잃고 외양간 고친다

🔑 초성 속에 숨은 속담을 맞혀라! 만드는 방법

❶ 각주 삽입해요.
- [불러올 파일] 폴더의 [초성 속담.hwpx] 파일을 실행해요.
- 2페이지의 [각주] 내용을 보고 1페이지에 Ctrl + N , N 을 눌러 각주를 입력해요.

❷ 각주 번호 모양을 [각주]-[본문 아래], [주석]-[번호 모양]-[①,②,③(A)]을 선택해 변경해요.

❸ 구분선 서식을 변경해요.
- [주석]-[구분선 길이 120mm]
- [구분선 스타일]에서 [선색 : 초록(RGB : 0,128,0)], [선 굵기 : 1mm]

❹ 글자 서식을 변경해요.
- 제목 문단을 드래그한 후 Alt + L 을 눌러 [개체 속성]-[기본] 탭-[속성]-[음영 색-노랑]을 선택해요.
- "속담" 글자를 드래그한 후 Alt + L 을 눌러 [개체 속성] [확장] 탭-[기타-강조점]을 선택해요.

❺ 속담 정답을 입력한 후 음영색을 삭제해요.
- 2 페이지 정답 문단을 드래그한 후 Alt + L 을 눌러 [개체 속성]-[기본] 탭-[속성]-[음영 색-없음]을 선택하여 정답을 확인해요.

CHAPTER 23
쏙닥쏙닥! 대화가 있는 포토 카드

한글~check! 이만큼 배웠어요!

01 말풍선을 이용하여 포토 카드를 만들어 보아요.

🏆 **미리 보기** 이렇게 만들어 보아요

■ 불러올 파일 : 포토 카드.hwpx   ■ 완성된 파일 : 포토 카드_완성.hwpx

🔑 속닥속닥! 대화가 있는 포토 카드 만드는 방법

❶ [포토 카드.hwpx] 파일을 실행해요.

❷ [입력]-[그림]을 클릭한 후 [여자(남자)] 그림 파일을 삽입한 후 크기를 조절해요.

❸ 말풍선 스토리를 입력하기 위해 [입력]-[그림]-[그리기 마당]을 클리한 후 [그리기 마당] 대화상자의 [그리기 조각] 탭을 클릭해요.

❹ [선택할 꾸러미] 목록에서 [기본도형], [설명선] 항목의 다양한 도형을 입력해요.

❺ 도형안에 스토리 내용을 입력해요.

❻ 입력한 도형를 클릭한 후 [도형( )] 탭의 [도형 윤곽선], [도형 채우기]를 원하는 색과 굵기로 변경해요.

❼ 말풍선의 글꼴(한컴 바겐세일B), 글자 크기, 정렬(가운데 정렬( ))을 변경해요.

CHAPTER 24
한글~check! 이만큼 배웠어요!
한 끼의 예술! 시그니처 라면 레시피

01 오늘의 요리 맛있는 라면 레시피를 만들어 보아요.

🏆 **미리 보기** 이렇게 만들어 보아요   📁 불러올 파일 : 라면 레시피.hwpx   📁 완성된 파일 : 라면 레시피_완성.hwpx

🔑 한 끼의 예술! 시그니처 라면 레시피 만드는 방법

❶ [라면 레시피.hwpx] 파일을 실행해요.

❷ [입력]-[그림]을 클릭한 후 [이미지] 폴더에서 표지에 넣을 [요리사] 그림 파일을 더블클릭해요.

❸ 표지 제목 "라면"을 블록으로 지정한 후 Alt + L 을 눌러 [글자 모양] 대화상자가 나타나면 글자 색(빨강), 음영(노랑)을 선택한 다음 [확장] 탭에서 [강조점]을 클릭해요.

❹ Ctrl + Enter 를 눌러 두 번째 페이지를 추가해요. 2페이지의 쪽 배경을 삭제하기 위해 [쪽]-[쪽 테두리/배경]을 클릭해요.

❺ [쪽 테두리/배경] 대화상자가 나타나면 [테두리] 탭의 테두리 종류(짝수 쪽), 실선을 선택한 후 적용을 클릭해요. 이어서 [배경] 탭에서 적용 쪽(첫 쪽만)을 클릭해요.

❻ 7페이지에 아래 내용을 입력한 후 글꼴(양재튼튼B), 글자 크기, 정렬을 변경해요.

[라면 맛있게 끓이는 방법]

1. 라면, 파, 계란 등 재료를 준비합니다.
2. 500ml의 물을 냄비에 넣고 끓입니다.
3. 물이 끓으면 라면 면발과 분말 스프를 넣고 잘 풀어주며 3분 30초간 끓여줍니다.
4. 라면 면발이 어느 정도 익으면 계란 1개를 넣고 1분간 더 끓입니다.
5. 송송 썬 대파나 버섯을 넣고 맛있게 완성합니다.

❼ 레시피 순서에 맞게 [이미지] 폴더의 그림을 삽입한 후 크기와 위치를 조절해요.

MEMO